Volker Altenähr/Tristan Nguyen/Frank Romeike
Risikomanagement kompakt

Veröffentlichungen an den Berufsakademien
in Baden-Württemberg

Studiengang Versicherung

Band 5

Herausgeber: Prof. Dr. H. Meder
Prof. Dr. W. Nold
Prof. Dr. Catherine Pallenberg
Prof. Dr. Dr. S. Schwab, Mag. rer. publ.

Risikomanagement kompakt

Volker Altenähr, Tristan Nguyen, Frank Romeike

Bibliografische Information der Deutschen Nationalbibliothek

Die Deutsche Nationalbibliothek verzeichnet diese Publikation
in der Deutschen Nationalbibliografie;
detaillierte bibliografische Daten sind im Internet über
http://dnb.d-nb.de abrufbar.

© 2009   Verlag Versicherungswirtschaft GmbH   Karlsruhe

Das Werk einschließlich aller seiner Teile ist urheberrechtlich geschützt. Jede
Verwertung, die nicht ausdrücklich vom Urhebergesetz zugelassen ist, bedarf
der vorherigen Zustimmung des Verlags Versicherungswirtschaft GmbH, Karlsruhe.
Jegliche unzulässige Nutzung des Werkes berechtigt den Verlag Versicherungswirtschaft GmbH zum Schadenersatz gegen den oder die jeweiligen Nutzer.

Bei jeder autorisierten Nutzung des Werkes ist die folgende Quellenangabe an
branchenüblicher Stelle vorzunehmen:

© 2009   Verlag Versicherungswirtschaft GmbH   Karlsruhe

Jegliche Nutzung ohne die Quellenangabe in der vorstehenden Form berechtigt
den Verlag Versicherungswirtschaft GmbH zum Schadenersatz gegen den oder
die jeweiligen Nutzer.

Herstellung   printsystem GmbH   Heimsheim
ISSN 1619-8883
ISBN 978-3-89952-411-6

Vorwort

Das Geschäftsmodell der Assekuranz basiert auf der Übernahme von versicherungstechnischen und kapitalmarktorientierten Risiken. Seit Gründung der ersten Versicherungsunternehmen Mitte des 17. Jahrhunderts wird der langfristige Erfolg im Versicherungsgeschäft über die Qualität des Risikomanagements definiert. Somit wird auch der Wert eines Unternehmens von den zukünftigen, über die Erwirtschaftung der Kapitalkosten hinausgehenden Erträgen und den damit verbundenen Risiken determiniert. In der Konsequenz werden Versicherungsunternehmen, die über angemessene und effiziente Instrumente zur Messung und Steuerung ihrer Risiken verfügen, sich einen bedeutenden Wettbewerbsvorteil verschaffen. Um die Risiken in Chancen umzuwandeln, ist ein aktives und unternehmensintegriertes Risikomanagement unerlässlich.

Das vorliegende Buch gibt einen sehr praxisorientierten Überblick über das Risikomanagement in Versicherungsunternehmen und konzentriert sich primär auf kleine und mittelgroße Versicherer. Ausgehend von einer kurzen und überblicksartigen Einführung (*Kapitel 1*), in der grundlegende Konzepte (Risikostrategie, Risikotragfähigkeit etc.) vorgestellt werden, beschäftigt sich *Kapitel 2* mit den aktuellen regulatorischen Änderungen in der Folge von Solvency II und MaRisk (VA).

Das anschließende *dritte Kapitel* konzentriert sich auf die ersten Prozessphasen des klassischen Risikomanagement-Regelkreises, d. h. die Identifikation, Bewertung und Aggregation von Risiken. *Kapitel 4* skizziert die typische Risikolandkarte in Versicherungsunternehmen und untermauert die Ausführungen mit konkreten Beispielen aus der Praxis.

Im anschließenden *fünften Kapitel* werfen wir einen Blick in den Werkzeugkasten des Risikomanagers und lernen dabei typische Risikomaße kennen. *Kapitel 6* skizziert den Ansatz einer Aktiv-Passiv-Steuerung in Versicherungsunternehmen. *Kapitel 7* schließt den Regelkreis des Risikomanagementprozesses und konzentriert sich auf die aktive Risikosteuerung und -kontrolle. Ein *Glossar* im Anhang hilft Ihnen bei der Einordnung von Begrifflichkeiten im Risikomanagement.

Eines haben die stürmischen Zeiten in den vergangenen Jahren – denken Sie nur an die jüngste Subprime-Krise oder die Aktienbaisse zu Beginn des Jahrtausends – verdeutlicht: Rettungsboote werden nicht erst im Sturm gebaut. Versicherungsunternehmen, die frühzeitig und umfassend auf die neuen gesetzlichen und wirtschaftlichen Rahmenbedingungen reagieren und moderne und dynamische Risikomanagement-Systeme verwenden, werden ihr Eigenkapital künftig effizienter einsetzen und damit den Unternehmenswert nachhaltig steigern können.

Das Autorenteam wünscht Ihnen viel Erfolg bei der Umsetzung des Gelesenen in die Praxis. Schreiben Sie uns Ihre Meinung an buch@risknet.de.

Stuttgart, München, Oberaudorf, im November 2008

Volker Altenähr, Tristan Nguyen, Frank Romeike

Inhaltsverzeichnis

Abbildungsverzeichnis XI
Tabellenverzeichnis XI
Abkürzungsverzeichnis XII
1 Einführende Grundlagen 1
  1.1 Definition und Abgrenzung des Risikobegriffs 1
  1.2 Rechtliche Grundlagen des Risikomanagements 4
  1.3 Von der Geschäftsstrategie zur Risikostrategie 13
  1.4 Risikotragfähigkeit als Grundregel des Risikomanagements ... 15
  1.5 Risikoorientierte Steuerung in der Assekuranz 19
2 Die neuen Solvabilitätsregeln und die Mindestanforderungen an das Risikomanagement (MaRisk) 21
  2.1 Solvency II im Überblick 21
    2.1.1 Begriff der Solvabilität 21
    2.1.2 Intentionen für Solvency II 22
    2.1.3 Das Drei-Säulen-Modell für die Versicherungswirtschaft ... 23
    2.1.4 Solvabilitätsanforderungen 26
      2.1.4.1 Solvabilitätskennzahl 26
      2.1.4.2 Kapitalanforderungen im GDV-Modell 28
      2.1.4.3 Kapitalanforderungen im internen Risiko-Modell ... 30
  2.2 Anforderungen an das Risikomanagement durch Solvency II ... 32
    2.2.1 Anforderungen an die strategische Unternehmensführung ... 32
    2.2.2 Anforderungen an die operativen Einheiten 34
      2.2.2.1 Underwriting 34
      2.2.2.2 Schadenabwicklung 34
      2.2.2.3 Finanzanlage 35
    2.2.3 Anforderungen an das Aktuariat 35
    2.2.4 Anforderungen an sonstige Funktionen im Unternehmen ... 37
    2.2.5 Neue „Fit and Proper"-Anforderungen 40
      2.2.5.1 Fit-Anforderungen 40
      2.2.5.2 Proper-Anforderungen 41
      2.2.5.3 Anwendungsbereiche 41
    2.2.6 MaRisk für Versicherungen in Deutschland 43
      2.2.6.1 Aufbau der MaRisk 43
3 Identifikation, Bewertung und Aggregation von Risiken ... 45
  3.1 Risikoidentifikation 46
    3.1.1 Begriff und Anforderungen an die Risikoidentifikation ... 46
    3.1.2 Modell zur systematischen Risikosuche 49
      3.1.2.1 Risikoobjekte 51
        3.1.2.1.1 Personen 51
        3.1.2.1.2 Nominalgüter 52

3.1.2.1.3 Realgüter ... 52
3.1.2.2 Risikoursachen ... 53
3.1.2.2.1 Wirtschaftliche Risikoursachen ... 53
3.1.2.2.2 Politisch-rechtliche Risikoursachen ... 53
3.1.2.2.3 Natürliche Risikoursachen ... 54
3.1.2.2.4 Technische Risikoursachen ... 55
3.1.2.2.5 Soziokulturelle Risikoursachen ... 55
3.1.2.3 Risikobereiche ... 56
3.1.2.3.1 Risikogeschäft ... 56
3.1.2.3.2 Kapitalanlagegeschäft ... 56
3.1.2.3.3 Derivates Finanzgeschäft ... 56
3.1.2.3.4 Sonstiges Dienstleistungsgeschäft ... 57
3.1.2.4 Beispiel einer Risikogliederung ... 57
3.1.3 Instrumente der Risikoidentifikation ... 59
3.1.3.1 Besichtigungsanalyse ... 59
3.1.3.2 Dokumentenanalyse ... 60
3.1.3.3 Mitarbeiterbefragung ... 60
3.1.3.4 Organisationsanalyse ... 61
3.1.3.5 Schadenanalyse ... 61
3.1.3.6 Checklistenanalyse ... 62
3.1.3.7 Szenariotechnik ... 62
3.1.4 Grenzen und Möglichkeiten der Risikoidentifikation ... 63
3.2 Risikobewertung ... 63
3.2.1 Aufgaben und Anforderungen der Risikobewertung ... 63
3.2.2 Die Methodik ... 63
3.2.2.1 Qualitative Risikobewertung ... 64
3.2.2.2 Quantitative Risikobewertung ... 66
3.2.3 Schätzung der Wahrscheinlichkeitsverteilungen ... 68
3.2.3.1 Empirische Methoden ... 68
3.2.3.2 Analytische Methoden ... 69
3.2.4 Risikoaggregation ... 71
3.2.4.1 Ziel der Risikoaggregation ... 71
3.2.4.2 Verwendung eines Simulationsmodells ... 72
3.2.4.3 Monte-Carlo-Simulation ... 73

4 Die Risikolandkarte im Versicherungsunternehmen ... 76
4.1 Zu den strategischen Risiken ... 79
4.1.1 Krankenversicherungsunternehmen mit Zielgruppe Landwirtschaft ... 79
4.1.2 Gründung neuer Unternehmen zur Aufnahme des Geschäftsfeldes Krankenversicherung ... 80
4.1.3 Aufnahme neuer Geschäftsfelder im Ausland ... 81
4.2 Zu den versicherungstechnischen Risiken ... 82
4.2.1 Die wesentlichen Risiken ... 82
4.2.2 Messbarkeit von Antiselektionseffekten ... 83
4.2.3 Stückzahlrisiko ... 84

4.3 Operationelle Risiken ... 84
    4.3.1 Berechnung der Alterungsrückstellung für einen Krankenversicherer (konkretes Beispiel aus den 80er-Jahren) ... 84
    4.3.2 Externe Risiken, etwa Rechtsrisiken ... 85
4.4 Kapitalanlagerisiken ... 86
    4.4.1 Zinsänderungsrisiko und Marktrisiko ... 86
    4.4.2 Liquiditätsrisiko ... 87
    4.4.3 Konzentrationsrisiko ... 88
4.5 Das Reputationsrisiko ... 88
4.6 Darstellung der genannten Risiken in einer Risikolandkarte ... 89
4.7 Zusammenfassung ... 92
4.8 Das Wettbewerbsstärkungsgesetz und das Alterseinkünftegesetz 95
    4.8.1 Das Wettbewerbsstärkungsgesetz ... 95
    4.8.2 Das Alterseinkünftegesetz ... 97

5 Risikomaße in der Praxis ... 99
5.1 Kennzahlen des Risikos ... 99
    5.1.1 Lageparameter ... 99
    5.1.2 Streuungsparameter ... 100
    5.1.3 Zusammenhangsmaße ... 102
5.2 Ausfallrisikomaße ... 103
    5.2.1 Das Axiomensystem für kohärente Risikomaße nach Artzner et al. ... 103
        5.2.1.1 Translationsinvarianz ... 103
        5.2.1.2 Positive Homogenität ... 104
        5.2.1.3 Monotonie ... 104
        5.2.1.4 Subadditivität ... 104
    5.2.2 Value at Risk (VaR) ... 106
    5.2.3 Expected Shortfall (Tail Value at Risk) ... 108

6 Asset-Liability-Management ... 110
6.1 Definition und Ziele ... 110
6.2 Der ALM-Prozess ... 111
6.3 Analyse im ALM-Prozess ... 112
6.4 Maßnahmen ... 114

7 Risikosteuerung und -kontrolle ... 115
7.1 Risikosteuerung ... 115
    7.1.1 Gegenstand und Möglichkeiten der Risikosteuerung ... 115
    7.1.2 Maßnahmen der Risikosteuerung ... 117
        7.1.2.1 Risikovermeidung ... 118
        7.1.2.2 Risikoverminderung ... 119
            7.1.2.2.1 Risikoabwehr ... 119
            7.1.2.2.2 Risikominderung im Kapitalanlagegeschäft ... 120
            7.1.2.2.3 Risikoaufteilung ... 121
            7.1.2.2.4 Risikostreuung ... 121
        7.1.2.3 Risikoüberwälzung ... 122

        7.1.2.3.1 Risikoüberwälzung ohne/mit Versicherung 122
        7.1.2.3.2 Die Rolle der Rückversicherung 124
        7.1.2.3.3 Arten der Rückversicherung 125
    7.1.2.4 Risikoübernahme 126
        7.1.2.4.1 Deckungsformen 126
        7.1.2.4.2 Deckungsmittel 127
  7.1.3   Grenzen der Risikosteuerung 130
7.2   Risikocontrolling 132
  7.2.1   Aufgaben des Risikocontrollings 132
  7.2.2   Grundfunktionen des Risikocontrollings 133
    7.2.2.1 Risikoorientierte Planung 133
    7.2.2.2 Risikoorientierte Kontrolle 133
    7.2.2.3 Risikoorientiertes Berichtswesen 133
    7.2.2.4 Risikoorientierte Steuerung 135
  7.2.3   Bewertung der Zielerfüllung 135

Glossar **137**
Literaturverzeichnis **143**
Stichwortverzeichnis **147**
Über die Autoren **151**

Abbildungsverzeichnis

Abbildung 1: Risiko als mögliche Planabweichung 2
Abbildung 2: Die Regulierungspyramide 11
Abbildung 3: Risikotragfähigkeit versus Risikoumfang 15
Abbildung 4: Risikotragfähigkeit als Grundregel des Risikomanagements 16
Abbildung 5: Stochastische Modellierung von zukünftigen Szenarien 18
Abbildung 6: Drei-Säulen-Modell der Versicherungswirtschaft (Solvency II) 24
Abbildung 7: Risikokategorien beim GDV-Modell 28
Abbildung 8: Hierarchie der Begriffe in den MaRisk (BA) 44
Abbildung 9: Ein Suchmodell für Risiken 50
Abbildung 10: Gesamtrisiko eines Versicherungsunternehmens 58
Abbildung 11: Filterprozess bei der Risikoidentifikation und -bewertung 64
Abbildung 12: Darstellung der Risiken über adäquate Wahrscheinlichkeitsverteilungen 66
Abbildung 13: Risikolandkarte, Risikomatrix, Risk Map, Risk Landscaping – viele Begriffe für eine Methodik 78
Abbildung 14: Risikolandkarte 94
Abbildung 15: Schiefe von Verteilungsfunktionen 101
Abbildung 16: Wölbung einer Verteilungsfunktion 102
Abbildung 17: Korrelationskoeffizient 103
Abbildung 18: Value at Risk 106
Abbildung 19: Der ALM-Prozess 112
Abbildung 20: Analysemethoden des Asset-Liability-Managements 113
Abbildung 21: Maßnahmen der Risikosteuerung 117
Abbildung 22: Arten und Formen der Rückversicherung 125
Abbildung 23: Deckungsformen 127
Abbildung 24: Deckungsmittel 128
Abbildung 25: Bewertung der Zielerfüllung 136

Tabellenverzeichnis

Tabelle 1: Aufgabenverteilung auf die Organisationseinheiten 38
Tabelle 2: Relevanzklassen des Risikos 65
Tabelle 3: Qualitative Kategorisierung der Eintrittswahrscheinlichkeit 76
Tabelle 4: Qualitative Kategorisierung des Schadens- bzw. Risikoausmaßes 77
Tabelle 5: Fallbeispiel: Kfz-Versicherungsgeschäft in Griechenland 83
Tabelle 6: Einordnung der Erheblichkeit von Risiken 93
Tabelle 7: Erläuterung zur Risikolandkarte 94

Abkürzungsverzeichnis

AktG	Aktiengesetz
AT	allgemeiner Teil
BA	Bankenaufsicht
BaFin	Bundesanstalt für Finanzdienstleistungsaufsicht
CEIOPS	Committee of European Insurance and Occupational Pensions Supervisors
ES	Expected Shortfall
GDV	Gesamtverband der Deutschen Versicherungswirtschaft e. V.
HGB	Handelsgesetzbuch
IAA	International Actuarial Association
IAIS	International Association of Insurance Supervisors
IDW	Institut der Wirtschaftsprüfer in Deutschland e. V.
KonTraG	Gesetz zur Kontrolle und Transparenz im Unternehmensbereich
MaRisk	Mindestanforderungen an das Risikomanagement
MCR	Minimum Capital Requirement
ORSA	Own Risk and Solvency Assessment
RBC	Risk Based Capital
SCR	Solvency Capital Requirement
TVaR	Tail Value at Risk
VAG	Versicherungsaufsichtsgesetz
VaR	Value at Risk

1 Einführende Grundlagen

1.1 Definition und Abgrenzung des Risikobegriffs

Während anfängliche Gefahrengemeinschaften eher vergleichbar waren mit einem Wettspiel, ermöglichten erst die Entwicklungen im Bereich der modernen Mathematik, Wahrscheinlichkeitsrechnung und Statistik im 17. bis 19. Jahrhundert die Professionalisierung des Versicherungsgedankens.[1] Bis dahin waren die Menschen der Ansicht, dass die Zukunft weitestgehend den Launen der Götter entsprang und mehr oder weniger ein Spiegelbild der Vergangenheit war. Bereits im Zeitalter der Renaissance (Zeit von etwa 1350 bis in die Mitte des 16. Jahrhunderts) wurde die mittelalterliche kirchliche und feudale Ordnung in Frage gestellt und damit eine gesellschaftliche Umstrukturierung initiiert, in deren Folge eine von Adel und Bürgertum getragene weltliche Kultur entstand.

Die Erkenntnis, dass man die Gegenwart systematisch an eine unbekannte und riskante Zukunft koppeln kann, hat sich erst langsam in den vergangenen Jahrhunderten durchgesetzt. Ohne diese Erkenntnis und die Entwicklung der Wahrscheinlichkeitstheorie sowie anderer mathematischer Werkzeuge wäre weder das moderne Versicherungswesen noch das Risikomanagement entstanden. Alle modernen mathematischen Methoden im Risikomanagement basieren im Wesentlichen auf den Erkenntnissen, die zwischen 1654 und 1760 gemacht wurden.[2] Ohne die Gesetze der Wahrscheinlichkeitsrechnung würde es weder moderne Kapitalmärkte noch entwickelte Versicherungsmärkte geben.

Risiken sind das Kerngeschäft der Versicherungswirtschaft, bieten doch Versicherungsunternehmen die Überwälzung eines Risikos (ausgedrückt in der Verteilung einer Versicherungsleistung) gegen eine fixe und somit planbare Versicherungsprämie an. Dabei müssen Risiken jedoch nicht grundsätzlich Synonyme für negative Ereignisse sein. Die Zahl verschiedenartiger Risikodefinitionen ist umfangreich und konzentriert sich umgangssprachlich zumeist auf die negative Komponente der Nichterreichung eines erwarteten Zielzustandes.

Etymologisch lässt sich der Risikobegriff tatsächlich auf diese negative Ausrichtung zurückverfolgen, indem in den Begriffen riza (griechisch = Wurzel, über die man stolpern kann) wie auch ris(i)co (italienisch, die Klippe, die es

---

[1] Vgl. Romeike, F./Müller-Reichart, M. (2008): Risikomanagement in Versicherungsunternehmen – Grundlagen, Methoden, Checklisten und Implementierung, 2. Auflage, S. 32.

[2] Vgl. Romeike, F./Hager, P. (2009): Erfolgsfaktor Risikomanagement 2.0 (erscheint Anfang 2009).

zu umschiffen gilt) die negativen Aspekte des Risikobegriffs aufscheinen. Dabei existieren ebenso etymologische Wurzeln des Risikobegriffs, die neben einer negativen auch eine positive Komponente betonen, indem im chinesischen Schriftzeichen für Risiko `Wei-ji` die beiden Zeichenbestandteile für Chance und Gefahr enthalten sind[3], womit auch die positive Abweichung eines erwarteten Zielzustandes unter den Risikobegriff fällt. Analog bezeichnet auch der entscheidungstheoretische Risikobegriff durch das Konstrukt der Standardabweichung die positiven wie auch negativen Zielabweichungen von einem Erwartungswert. Dieser entscheidungsorientierte Risikobegriff berücksichtigt zudem, dass alle menschlichen Tätigkeiten auf Entscheidungen beruhen, die oft unter unvollkommener Information (= Ungewissheit oder Unsicherheit im engeren Sinne[4]) über die Auswirkungen in der Zukunft getroffen werden, womit Informationsdefizite das Risiko vergrößern und zu ungünstigen Abweichungen zwischen Plan und Realisierung führen können.[5]

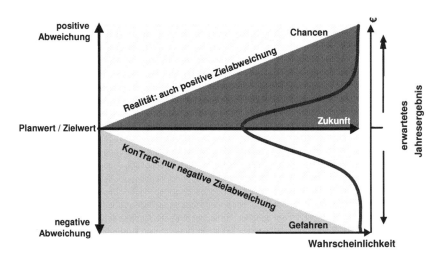

Abbildung 1: Risiko als mögliche Planabweichung[6]

---

[3] Vgl. Bayerische Rück (1987): Gesellschaft und Unsicherheit, S. 7.
[4] Vgl. Laux, H. (1995): Entscheidungstheorie, 3. Auflage, S. 24 ff.
[5] Vgl. Romeike, F. (1995): Zur Risikoverarbeitung in Banken und Versicherungsunternehmen (Teil 1), in: Zeitschrift für Versicherungswesen, 46. Jahrgang, 1. Januar 1995, Heft 1.
[6] Vgl. Romeike, F./Müller-Reichart, M. (2008): Risikomanagement in Versicherungsunternehmen – Grundlagen, Methoden, Checklisten und Implementierung, 2. Auflage, S. 48.

Risiken sind die aus der Unvorhersehbarkeit der Zukunft resultierenden, durch „zufällige" Störungen verursachten Möglichkeiten, von geplanten Zielwerten abzuweichen. Risiken können daher auch als „Streuung" um einen Erwartungs- oder Zielwert betrachtet werden (siehe Abbildung 1).

Risiken sind immer nur in direktem Zusammenhang mit der Planung eines Unternehmens zu interpretieren. Mögliche Abweichungen von den geplanten Zielen stellen Risiken dar – und zwar sowohl negative (Gefahren) wie auch positive Abweichungen (Chancen).

Es ist eine Aufgabe des Risikomanagements, die Streuung bzw. die Schwankungsbreite von Gewinn und Cashflow zu reduzieren. Dies führt u. a. zu folgenden Vorteilen für ein Versicherungsunternehmen:

➢ Die Reduzierung der Schwankungen erhöht die Planbarkeit und Steuerbarkeit eines (Versicherungs-)Unternehmens, was einen positiven Nebeneffekt auf das erwartete Ertragsniveau hat.

➢ Eine prognostizierbare Entwicklung der Zahlungsströme reduziert die Wahrscheinlichkeit, unerwartet auf teure externe Finanzierungsquellen zurückgreifen zu müssen.

➢ Eine Verminderung der risikobedingten Schwankungsbreite der zukünftigen Zahlungsströme senkt die Kapitalkosten und wirkt sich positiv auf den Unternehmenswert aus.

➢ Eine stabile Gewinnentwicklung mit einer hohen Wahrscheinlichkeit für eine ausreichende Kapitaldienstfähigkeit ist im Interesse der Fremdkapitalgeber, was sich in einem guten Rating, einem vergleichsweise hohen Finanzierungsrahmen und günstigen Kreditkonditionen widerspiegelt.

➢ Eine stabile Gewinnentwicklung reduziert die Wahrscheinlichkeit eines Konkurses.

➢ Eine stabile Gewinnentwicklung sowie eine niedrigere Insolvenzwahrscheinlichkeit sind im Interesse von Arbeitnehmern, Kunden und Lieferanten, was es erleichtert, qualifizierte Mitarbeiter zu gewinnen und langfristige Beziehungen zu Kunden und Lieferanten aufzubauen.

➢ Bei einem progressiven Steuertarif haben zudem Unternehmen mit schwankenden Gewinnen Nachteile gegenüber Unternehmen mit kontinuierlicher Gewinnentwicklung.

1.2 Rechtliche Grundlagen des Risikomanagements

Eine formelle, dokumentierte und nachvollziehbare Organisation des Risikomanagementsystems wird durch das *„Gesetz zur Kontrolle und Transparenz im Unternehmensbereich"* (KonTraG) für Aktiengesellschaften vorgeschrieben und aufgrund der „Ausstrahlwirkung" auch für größere GmbHs und andere Unternehmensformen (etwa im öffentlich-rechtlichen Umfeld bzw. Versicherungsvereine auf Gegenseitigkeit) als notwendig erachtet.

Das umfangreiche Artikelgesetz KonTraG, das der Deutsche Bundestag am 5. März 1998 verabschiedet hat, verpflichtet seit 1. Mai 1998 Vorstände börsennotierter Unternehmen in Deutschland zur Einrichtung eines Überwachungssystems, um Risiken frühzeitig zu erkennen. **§ 91 Abs. 2 AktG** sieht vor, dass „der Vorstand geeignete Maßnahmen zu treffen, insbesondere ein *Überwachungssystem* einzurichten hat, damit den Fortbestand der Gesellschaft gefährdende Entwicklungen früh erkannt werden". Danach hat die Geschäftsleistung ein *Früherkennungssystem* für Risiken sowie ein internes Überwachungssystem im Unternehmen einzurichten.

Dies bedeutet jedoch nicht, dass die Verpflichtung zur Einrichtung eines Früherkennungs- und Risikomanagementsystems vor dem 1. Mai 1998 nicht existierte. Vielmehr gehörte es schon immer zu den Aufgaben des Vorstands (vgl. beispielsweise § 76 Abs. 1 AktG), für die Einrichtung eines Kontroll- und Risikomanagementsystems zu sorgen und Entwicklungen, die den Fortbestand der Gesellschaft gefährden könnten, rechtzeitig zu erkennen. Ziel des Gesetzgebers war es daher auch, die Unternehmensleitung zu sensibilisieren, um Chancen offensiv, aber kontrolliert wahrzunehmen.[7]

Des Weiteren wurde auch die Pflicht zur Berichterstattung im *Lagebericht* durch den Gesetzgeber erweitert. So muss die Unternehmensführung bei der Darstellung des Geschäftsverlaufs und der Lage der Gesellschaft auch die voraussichtliche Entwicklung mit ihren wesentlichen Chancen und Risiken berücksichtigen (§ 289 Abs. 1 HGB).

So soll der Lagebericht auch auf Vorgänge von besonderer Bedeutung (beispielsweise besonders risikoreiche Engagements) eingehen, die nach dem Schluss des Geschäftsjahrs eingetreten sind. In § 289 Abs. 2 HGB wird ergänzend gefordert, dass die Risikomanagementziele und -methoden der Gesellschaft einschließlich ihrer Methoden zur Absicherung aller wichtigen Arten von Transaktionen, die im Rahmen der Bilanzierung von Sicherungsgeschäften erfasst werden, im Lagebericht aufzuführen sind. Außer-

---

[7] Zur Vertiefung sei empfohlen: Romeike, F. (2008): Rechtliche Grundlagen des Risikomanagements – Haftung und Strafvermeidung für Corporate Compliance.

dem müssen die Preisänderungs-, Ausfall- und Liquiditätsrisiken sowie die Risiken aus Zahlungsstromschwankungen, denen die Gesellschaft ausgesetzt ist, jeweils in Bezug auf die Verwendung von Finanzinstrumenten durch die Gesellschaft und sofern dies für die Beurteilung der Lage oder der voraussichtlichen Entwicklung von Belang ist, aufgeführt und erläutert werden.

Der Abschlussprüfer ist verpflichtet, dies gutachterlich prüfen (§ 317 Abs. 2 und § 317 Abs. 4 HGB). So hat dieser u. a. auch zu prüfen, ob die Chancen und Risiken der künftigen Entwicklung zutreffend dargestellt sind. Im Prüfungsbericht an den Aufsichtsrat muss er hierzu Stellung nehmen (§ 321 Abs. 1 und § 321 Abs. 4 HGB). Die Prüfergebnisse müssen des Weiteren in einem Testat der Allgemeinheit offengelegt werden (§ 322 HGB). Im Bestätigungsvermerk hat der Wirtschaftsprüfer auf Risiken, die den Fortbestand des Unternehmens oder eines Konzernunternehmens gefährden, gesondert einzugehen. Auf Risiken, die den Fortbestand eines Tochterunternehmens gefährden, braucht im Bestätigungsvermerk zum Konzernabschluss des Mutterunternehmens nicht eingegangen zu werden, wenn das Tochterunternehmen für die Vermittlung eines den tatsächlichen Verhältnissen entsprechenden Bildes der Vermögens-, Finanz- und Ertragslage des Konzerns nur von untergeordneter Bedeutung ist.

Das KonTraG kann zwar als wichtiger Katalysator für das Thema Risikomanagement angesehen werden, führte jedoch häufig durch den Fokus auf die Vergangenheit eher zu einer reinen „Risikobuchhaltung". Der Gesetzgeber hat mit dem KonTraG ganz bewusst auf die Verbesserung der *Corporate Governance*, d. h. einer „guten" Unternehmensführung, von Aktiengesellschaften fokussiert.

Wie bereits ausgeführt, gehört die Implementierung eines adäquaten Risikomanagements zu den Sorgfaltspflichten eines Vorstandes. Im Falle einer Unternehmenskrise hat der Vorstand bzw. der Geschäftsführer zu beweisen, dass er sich objektiv und subjektiv pflichtgemäß verhalten hat. Konkret heißt dies, dass er nachweisen muss, Maßnahmen zur Risikofrüherkennung und zur Risikoabwehr getroffen zu haben.

Im Kern basiert die Risikoerkennung und -transparenz auf dem folgenden Fundament:

- ➢ Einrichtung eines internen Früherkennungs- und Überwachungssystems durch die Unternehmensleitung.
- ➢ Offenlegung der künftigen Risiken im Lagebericht sowie im Konzernlagebericht (§§ 289 Abs. 1, 315 Abs. 1 HGB).

➢ Prüfung und Überwachung von Risikofrüherkennungssystem und Risikobericht durch den Aufsichtsrat und den Abschlussprüfer (§§ 317, 321 HGB; 111 Abs. 1 AktG).

Am 15. November 2007 hat der Deutsche Bundestag die 9. Novelle des Versicherungsaufsichtsgesetzes (VAG) verabschiedet. So definiert der neu eingefügte § 64a VAG explizit die Anforderungen an das Risikomanagement der Versicherungsunternehmen. § 64a wird flankiert durch die seitens der BaFin veröffentlichten „Mindestanforderungen an das Risikomanagement von Versicherungen" MaRisk (VA).

Die neue Regelung des **§ 64a VAG**[8] übernimmt inhaltlich in weiten Teilen die entsprechenden Regelungen des Kreditwesengesetzes (siehe § 25a KWG) und ermöglicht damit ein kohärentes Vorgehen der Aufsichtsbehörde im Rahmen der qualitativen Aufsichtsnormen. Mit den in Absatz 1 Satz 4 Nr. 1 bis 4 genannten organisatorischen Anforderungen an ein angemessenes Risikomanagement folgt die Versicherungsaufsicht überdies internationalen Entwicklungen neuer risikoorientierter Kapitalanforderungen. Zum Risikomanagement gehört nicht nur eine *Risikostrategie*, die sämtliche Risiken des betriebenen Geschäfts umfassend berücksichtigt, sondern auch ein *organisatorischer Rahmen*, mit dessen Hilfe der Geschäftsablauf effektiv überwacht und kontrolliert sowie an veränderte Rahmenbedingungen angepasst werden kann. Außerdem sind von Versicherungsunternehmen im Rahmen ihrer ordnungsgemäßen Geschäftsorganisation interne *Steuerungs- und Kontrollprozesse* einzurichten, die sich zu einem konsistenten und transparenten Steuerungs- und Kontrollmechanismus zusammenfügen und damit gewährleisten, dass die Geschäftsleitung die wesentlichen Risiken kennt, denen das Versicherungsunternehmen ausgesetzt ist, diese bewerten und steuern kann und in der Lage ist, für eine ausreichende Ausstattung des Unternehmens mit geeigneten Eigenmitteln zur Abdeckung der Risiken zu sorgen.

---

[8] Siehe Seite 7 f.

§ 64a Versicherungsaufsichtsgesetz (Geschäftsorganisation)

(1) Versicherungsunternehmen müssen über eine ordnungsgemäße Geschäftsorganisation verfügen, welche die Einhaltung der von ihnen zu beachtenden Gesetze und Verordnungen sowie der aufsichtsbehördlichen Anforderungen gewährleistet. Verantwortlich für die ordnungsgemäße Geschäftsorganisation sind die in § 7a Abs. 1 Satz 4 bezeichneten Personen. Eine ordnungsgemäße Geschäftsorganisation setzt neben einer dem Geschäftsbetrieb angemessenen ordnungsgemäßen Verwaltung und Buchhaltung insbesondere ein angemessenes Risikomanagement voraus. Dieses erfordert:

1. die Entwicklung einer auf die Steuerung des Unternehmens abgestimmten Risikostrategie, die Art, Umfang und Zeithorizont des betriebenen Geschäfts und der mit ihm verbundenen Risiken berücksichtigt;

2. aufbau- und ablauforganisatorische Regelungen, die die Überwachung und Kontrolle der wesentlichen Abläufe und ihre Anpassung an veränderte allgemeine Bedingungen sicherstellen müssen;

3. die Einrichtung eines geeigneten internen Steuerungs- und Kontrollsystems, das folgende Elemente umfasst:

a) ein die Risikostrategie berücksichtigendes angemessenes Risikotragfähigkeitskonzept, aus dem ein geeignetes Limitsystem hergeleitet wird,

b) angemessene, auf der Risikostrategie beruhende Prozesse, die eine Risikoidentifikation, -analyse, -bewertung, -steuerung und -überwachung enthalten,

c) eine ausreichende unternehmensinterne Kommunikation über die als wesentlich eingestuften Risiken,

d) eine aussagefähige Berichterstattung gegenüber der Geschäftsleitung, welche darstellt, was die wesentlichen Ziele des Risikomanagements sind, mit welchen Methoden die Risiken bewertet werden und was getan wurde, um die Risiken zu begrenzen, und die aufzeigt, wie sich die Maßnahmen zur Risikobegrenzung ausgewirkt haben und die Ziele erreicht und gesteuert wurden (Risikobericht);

4. eine interne Revision, die die gesamte Geschäftsorganisation des Unternehmens überprüft.

(2) Versicherungsunternehmen nach § 104a Abs. 1 Nr. 1 und Versicherungs-Holdinggesellschaften nach § 1b Abs. 1, die übergeordnete Unternehmen einer Versicherungsgruppe sind, müssen ein angemessenes Risikomanagement der wesentlichen Risiken auf Ebene der Versicherungsgruppe sicherstellen. Übergeordnetes Unternehmen im Sinne dieses Absatzes ist das an der Spitze der Gruppe stehende Unternehmen, das entweder selbst Versicherungsunternehmen oder Versicherungs-Holdinggesellschaft ist.

(3) Die Risikostrategie, die aufbau- und ablauforganisatorischen Regelungen sowie das interne Steuerungs- und Kontrollsystem sind für Dritte nachvollziehbar zu dokumentieren. Die Dokumentation ist sechs Jahre aufzubewahren; § 257 Abs. 3 und 5 des Handelsgesetzbuchs gilt entsprechend.

(4) Bei Funktionsausgliederungen im Sinne des § 5 Abs. 3 Nr. 4, § 119 Abs. 2 Satz 2 Nr. 6 und bei Dienstleistungsverträgen dürfen die ordnungsgemäße Ausführung der ausgegliederten Funktionen und übertragenen Aufgaben, die Steuerungs- und Kontrollmöglichkeiten der Geschäftsleitung sowie die Prüfungs- und Kontrollrechte der Aufsichtsbehörde nicht beeinträchtigt werden. Das Versicherungsunternehmen hat sich insbesondere die erforderlichen Auskunfts- und Weisungsbefugnisse vertraglich zu sichern und die ausgegliederten Funktionen und übertragenen Aufgaben in sein Risikomanagement einzubeziehen. Ein Weisungsrecht ist dann nicht erforderlich, wenn im Rahmen einer steuerlichen Organschaft ein Versicherungsunternehmen Funktionen an eine Muttergesellschaft ausgliedert und diese sich für die Wahrnehmung der Funktionen vertraglich den gleichen aufsichtsrechtlichen Anforderungen unterwirft, die für das ausgliedernde Unternehmen gelten.

(5) Für Pensionskassen in der Rechtsform des Versicherungsvereins auf Gegenseitigkeit, deren Bilanzsumme am Abschlussstichtag des vorausgegangenen Geschäftsjahres 125 Millionen Euro nicht überstieg, für Schaden-, Unfall- und Krankenversicherungsvereine im Sinne des § 53 Abs. 1 sowie für Sterbekassen gilt Absatz 1 Satz 4 Nr. 3 Buchstabe d und Nr. 4 nicht. Die Aufsichtsbehörde soll andere Versicherungsunternehmen auf Antrag von den Regelungen des Absatzes 1 Satz 4 Nr. 3 Buchstabe d und Nr. 4 befreien, wenn sie nachweisen, dass der geforderte Aufwand in Anbetracht der Art, des Umfangs und des Zeithorizontes des betriebenen Geschäfts und der mit ihm verbundenen Risiken unverhältnismäßig wäre. § 157a Abs. 2 gilt entsprechend.

(6) Die in Absatz 5 Satz 1 genannten Unternehmen müssen die für sie geltenden Anforderungen des Absatzes 1 Satz 4 spätestens bis zum 31. Dezember 2009 erfüllen. Die übrigen Unternehmen müssen die für sie geltenden Anforderungen spätestens in dem Geschäftsjahr, das nach dem 31. Dezember 2007 endet, erfüllen.

Die Verantwortung der Geschäftsleiter für die *ordnungsgemäße Geschäftsorganisation* wird in Absatz 1 Satz 2 ausdrücklich festgeschrieben. Sie ist nicht delegierbar.

Absatz 1 Satz 4 formuliert die Anforderungen an ein angemessenes Risikomanagement. Die einzelnen Elemente müssen aufeinander abgestimmt sein, um einen effektiven Umgang mit den unternehmensindividuellen Risiken zu gewährleisten.

Nach Absatz 1 Satz 4 Nr. 1 muss die unternehmerische Zielsetzung, die sich in der Risikostrategie spiegelt, alle wesentlichen Aspekte des betriebenen Geschäftes und *alle wesentlichen Risiken* einbeziehen, um eine angemessene Steuerung des Unternehmens zu gewährleisten. In dem Kontext ist es als trivial zu erwähnen, dass Risikostrategie und Geschäftsstrategie zueinander passen müssen.

Das unter Buchstabe a genannte angemessene *Risikotragfähigkeitskonzept* gibt für jedes Unternehmen individuell insbesondere wieder, mit welchen Methoden die unternehmensinternen Kapitalziele abgeleitet werden, welche Verluste über welche Planungshorizonte das Unternehmen höchstens eingehen will, wie sich die vorhandenen Eigenmittel zur Verlustdeckung zusammensetzen und wie sich deren Auskömmlichkeit und Verzinsung aufgrund der getroffenen Steuerungsmaßnahmen beim Vergleich mit den Kapitalzielen darstellt (Details siehe Kapitel 1.4). Das im Zusammenhang mit dem Risikotragfähigkeitskonzept festzulegende *Limitsystem* muss einerseits aufzeigen, wie viel Risiko die Einheiten des Unternehmens eingehen dürfen und andererseits geeignet sein, die Umsetzung des vom Unternehmen gewählten Risikotragfähigkeitskonzepts zu unterstützen.

Nach Buchstabe b müssen alle wesentlichen Risiken, denen ein Versicherungsunternehmen ausgesetzt ist oder ausgesetzt sein könnte, von dem Unternehmen erkannt und einer angemessenen Behandlung zugeführt werden. Dazu hat das Unternehmen *Prozesse einzurichten, mit denen sämtliche Risiken identifiziert, analysiert, bewertet, gesteuert und überwacht werden können.*

Buchstabe c weist auf die Notwendigkeit einer *ausreichenden internen Kommunikation* der als wesentlich eingestuften Risiken hin als Bestandteil einer unternehmensindividuellen *Risikokultur*. Ziel dieser Kommunikation ist es, umfassend ein *Risikobewusstsein* zu schaffen, welches die unter Risikogesichtspunkten betroffenen Personen oder Organisationseinheiten des Unternehmens ausreichend in die Lage versetzt, ihre Risiken identifizieren, bewerten und steuern zu können.

Sowohl das Risikotragfähigkeitskonzept als auch die Risikoprozesse und die Risikokultur können nicht isoliert betrachtet werden, sondern müssen zur Gewährleistung ihrer Effektivität die Risikostrategie des Unternehmens berücksichtigen und widerspiegeln. Das interne Steuerungs- und Kontrollsystem wird durch die Einrichtung eines *Berichtswesens* gegenüber der Geschäftsleitung abgerundet. Dieses muss nach Buchstabe d sicherstellen, dass die Geschäftsleitung alle wichtigen Risikoinformationen erhält. Risikoberichte haben Auskunft darüber zu geben, inwieweit und mit welchen Mitteln (beispielsweise Budgets, Steuerungsmechanismen, Kennzahlen) die Vorgaben des Risikomanagements erreicht worden sind. Insbesondere ist darzustellen, inwieweit die vom Unternehmen gewählten Ziele des Risikomanagements gesteuert worden sind und die zur Zielerreichung eingesetzten Maßnahmen sich ausgewirkt haben. Aufgrund der Informationen aus der Risikoberichterstattung können gegebenenfalls eine Änderung der Geschäftspolitik oder geeignete Korrekturmaßnahmen, etwa zur Risikominderung, eingeleitet werden.

Die in Absatz 1 Satz 4 Nr. 4 ausdrücklich genannte *interne Revision* ist ein Instrument der Geschäftsleitung. Die Tätigkeit der internen Revision bezieht sich auf die gesamte Geschäftsorganisation und nicht nur auf das Risikomanagement. Durch eine qualifizierte und effektive interne Revision wird sichergestellt, dass die Funktionsfähigkeit der Geschäftsorganisation gewahrt bleibt. Die interne Revision kann außerdem helfen, frühzeitig Risiken zu erkennen und unternehmensinterne Probleme aufzuzeigen.

Eine ordnungsgemäße Geschäftsorganisation beinhaltet insbesondere auch, dass die Risikostrategie, die aufbau- und ablauforganisatorischen Regelungen sowie das interne Steuerungs- und Kontrollsystem des Unternehmens *schriftlich dokumentiert* sind. Die Dokumentationspflicht wird in Absatz 3 geregelt. Sie umfasst alle wesentlichen Handlungen, Festlegungen, Entscheidungen und gegebenenfalls Begründungen sowie festgestellte Mängel und daraus gezogene Schlussfolgerungen. Die Dokumentation muss für einen sachverständigen Dritten nachvollziehbar gestaltet sein und damit etwa auch eine Überprüfung durch den Wirtschaftsprüfer und die Aufsichtsbehörde ermöglichen.

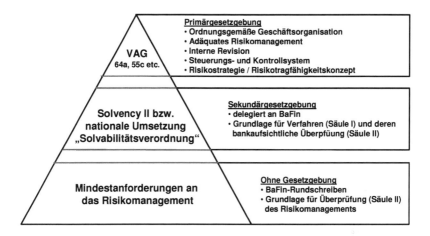

Abbildung 2: Die Regulierungspyramide

In Abbildung 2 ist die für Versicherungsunternehmen relevante Regulierungspyramide dargestellt. Neben den bereits skizzierten gesetzlichen Regelungen des VAG werden zukünftig die neuen Solvabilitätsvorschriften (Solvency II[9]) vorsehen, dass neben einer Mindestkapitalanforderung (Minimum Capital Requirement, MCR) ein Zielkapital (Solvency Capital Requirement, SCR) zu berechnen ist, das sich direkt aus der aktuellen Risikosituation der Versicherungsunternehmen ableiten soll und vom Unternehmen zu halten ist. Das Solvency Capital Requirement soll so dimensioniert sein, dass ein Versicherungsunternehmen selbst bei erheblichen unvorhergesehenen Verlusten in der Lage ist, seinen Zahlungsverpflichtungen über einen bestimmten Zeithorizont mit hoher Wahrscheinlichkeit nachzukommen.

Die Solvenzkapitalanforderung entspricht dem ökonomischen Kapital, über das ein Versicherungs- und Rückversicherungsunternehmens verfügen muss, um die Insolvenzwahrscheinlichkeit auf 0,5 Prozent begrenzen zu können, d. h., die Insolvenz würde nur alle 200 Jahre eintreten. Die Solvenzkapitalanforderung wird unter Verwendung von Risikopotenzial-("Value at Risk")-Methoden[10] berechnet, entweder nach einer **Standardformel** oder

---

[9] European Commission: Geänderter Vorschlag für eine Richtlinie des Europäischen Parlaments und des Rates betreffend die Aufnahme und Ausübung der Versicherungs- und der Rückversicherungstätigkeit, Solvency II, COM (2008) 119.

[10] Ursprünglich hatte CEIOPS die Anwendung des Tail Value at Risk (TVaR) geplant, da es sich hierbei um das risikoadäquatere Maß für Versicherungsunternehmen handelt. Zu einem späteren Zeitpunkt soll laut CEIOPS der TVaR Eingang in die Berechnung finden.

anhand eines **internen Modells**: alle potenziellen Verluste einschließlich einer negativen Neubewertung der Vermögenswerte und Verbindlichkeiten in den kommenden 12 Monaten sind zu bewerten (Einjahres-Horizont).

Die Solvenzkapitalanforderung soll dabei das tatsächliche Risikoprofil des Unternehmens unter Berücksichtigung aller quantifizierbaren Risiken sowie der Auswirkungen von Risikominderungstechniken widerspiegeln. Die Solvenzkapitalanforderung ist mindestens einmal jährlich zu berechnen, kontinuierlich zu überwachen und neu zu berechnen, sobald das Risikoprofil des Unternehmens erheblich von den Annahmen abweicht.

In den Artikeln 103 bis 109 des Richtlinienentwurfs (KOM) 2007/361 werden Ziele, Struktur und Gesamtkalibrierung der **Standardformel** zur Ermittlung der Solvenzkapitalanforderung erläutert. Im Anhang des Richtlinienentwurfs wird die „modulare" Struktur auf der Grundlage linearer Aggregation näher erläutert. Allerdings werden die detaillierten Spezifikationen dieser Module und Untermodule in der Zukunft in Durchführungsbestimmungen definiert, da sie sich im Lauf der Zeit weiterentwickeln werden. Die Kommission weist darauf hin, dass mit der Standardformel zur Ermittlung der Solvenzkapitalanforderung ein ausgewogenes Verhältnis zwischen Risikosensitivität und praktischer Anwendbarkeit geschaffen werden soll.

In den Artikeln 109 bis 124 des Richtlinienentwurfs (COM) 2008/119 werden die für Versicherungs- und Rückversicherungsunternehmen, die für die Berechnung der Solvenzkapitalanforderung **interne Modelle** in Form eines Voll- oder Teilmodells verwenden oder verwenden wollen, geltenden Anforderungen erläutert. Bevor die Aufsichtsbehörden die Verwendung eines internen Modells genehmigen, müssen die Versicherungs- und Rückversicherungsunternehmen einen vom Verwaltungs- oder Managementorgan des Unternehmens gebilligten Antrag einreichen (siehe Artikel 110), aus dem hervorgeht, dass sie den Verwendungstest, die statistischen Qualitätsstandards, Kalibrierungsstandards, Validierungsstandards und Dokumentationsstandards erfüllen (die Anforderungen sind in den Artikeln 118 bis 123 beschrieben). Die Aufsichtsbehörden müssen binnen sechs Monaten nach Eingang eines vollständigen Antrags von Seiten eines Versicherungs- oder

---

Der TVaR ist auch unter dem Begriff Expected Shortfall bzw. Conditional Value at Risk bekannt. Er zählt wie der VaR zu den Downside-Risikomaßen und ist definiert als der erwartete Verlust für den Fall, dass der VaR tatsächlich überschritten wird. Somit ist er der wahrscheinlichkeitsgewichtete Durchschnitt aller Verluste, den VaR-Wert übertreffen. Es werden daher nur die Verluste betrachtet, die über den VaR hinausgehen. Bei Verwendung des Expected Shortfall/Tail Value at Risk verlagert sich der Fokus von der einfachen Betrachtung der Insolvenzwahrscheinlichkeit auf die Folgen einer Insolvenz.

Rückversicherungsunternehmens über seine Genehmigung oder Ablehnung entscheiden.

Basierend auf einem stochastischen internen Modellen sind die Versicherungsunternehmen in der Lage, die Höhe des vorzuhaltenden Risikokapitals für das Gesamtunternehmen und für steuerungsrelevante Teilsegmente individuell gemäß der Risikostruktur ihres Unternehmens zu quantifizieren. Es können Fragestellungen hinsichtlich der Risikotragfähigkeit und Profitabilität des Gesamtunternehmens sowie von Teilportefeuilles bis hin zu einzelnen Produkten beantwortet werden.[11] Die höhere Transparenz über die eingegangenen Risiken, die Identifikation von Risikotreibern und das Aufdecken von wertschaffenden bzw. wertvernichtenden Produkten/ Segmenten bilden die Grundlage für eine strategische wertorientierte Unternehmenssteuerung, die eine langfristige, dauerhafte Steigerung des Unternehmenswertes zum Ziel hat.

Daher schreibt der Richtlinienentwurf vor, dass Versicherungs- und Rückversicherungsunternehmen über ein wirksames Risikomanagementsystem verfügen, das die Strategien, Prozesse und Meldeverfahren umfasst, die erforderlich sind, um die eingegangenen oder potenziellen Risiken kontinuierlich auf Einzelbasis und aggregierter Basis sowie ihre Interdependenzen zu überwachen, zu handhaben und zu melden. Das Risikomanagementsystem muss gut in die Organisationsstruktur des Versicherungs- oder Rückversicherungsunternehmens integriert sein. Auch muss es Notfallpläne umfassen.

1.3 Von der Geschäftsstrategie zur Risikostrategie

§ 64a VAG weist ausdrücklich darauf hin, dass ein adäquates Risikomanagement die Entwicklung einer auf die Steuerung des Unternehmens abgestimmten Risikostrategie erforderlich macht. Die Risikostrategie soll Art, Umfang und Zeithorizont des betriebenen Geschäfts und der mit ihm verbundenen Risiken berücksichtigen.

Da das Geschäftsmodell eines Versicherungsunternehmens auf der Übernahme von Risiken basiert, sollte die Risikostrategie auch auf der Geschäftsstrategie des Unternehmens basieren. Bereits mit dem Konzept der

---

[11] Vgl. Diers, D. (2007): Interne Unternehmensmodelle in der Schaden- und Unfallversicherung – Entwicklung eines stochastischen internen Modells für die wert- und risikoorientierte Unternehmenssteuerung und für die Anwendung im Rahmen von Solvency II sowie RiskNET/SAS (2006): Solvency II – Status Quo und Erwartungen. Erste deutsche Benchmark-Studie.

Risikotragfähigkeit wird der Bezug zur Geschäftsstrategie des Unternehmens hergestellt.

Die Finanzaufsicht versteht unter der *Geschäftsstrategie* die geschäftspolitische Ausrichtung sowie die Zielsetzungen und Planungen des Unternehmens über einen angemessenen Zeithorizont. In der Geschäftsstrategie sind die nachhaltigen Geschäftserwartungen zu erfassen (beispielsweise die Art des Geschäftes, anvisiertes Volumen, Gewinnerwartung, Kosten).

Unter einer *Risikostrategie* hingegen versteht die Finanzaufsicht die Beschreibung des Umgangs mit den aus der Geschäftsstrategie resultierenden Risiken. In der Risikostrategie werden die sich aus der Geschäftsstrategie ergebenden Risiken bezüglich ihres Einflusses auf die Wirtschafts-, Finanz- oder Ertragslage des Unternehmens dargestellt sowie daraus resultierende Leitlinien für den Umgang mit den Risiken. Dabei ist es existenziell, dass die Risiken auf einer granularen, operativen Ebene definiert werden, so dass Handlungsvorgaben für die Mitarbeiter im operativen Prozess aufgebaut werden können. In dem Kontext weist die Finanzaufsicht auch darauf hin, dass Art, Umfang, Komplexität und Risikogehalt den Detaillierungsgrad der Handlungsvorgaben für die operative Ebene bestimmen.

Die Finanzaufsicht weist in den MaRisk ausdrücklich darauf hin, dass die Geschäftsstrategie nicht Gegenstand von Prüfungshandlungen externer Prüfer oder der internen Revision ist.

Die Festlegung der Risikostrategie hingegen unterliegt der eingeschränkten Prüfung durch die Finanzaufsicht. Insbesondere schildert die Risikostrategie die Auswirkungen auf die Risikosituation des Unternehmens und beschreibt den Umgang mit den vorhandenen Risiken und die Fähigkeit des Unternehmens, neu hinzugekommene Risiken zu tragen.

Die MaRisk weisen auch darauf hin, dass die Festlegung der Geschäftsstrategie und der daraus abgeleiteten adäquaten Risikostrategie in der nicht delegierbaren Gesamtverantwortung der Geschäftsleitung liegt und von dieser adäquat zu dokumentieren ist.

Mit der Verknüpfung der Geschäftsstrategie und der Risikostrategie verfolgt die Aufsicht primär zwei Ziele:

> ➢ Zum einen möchte die Finanzaufsicht erfahren, inwieweit die Versicherungen in verschiedene risikobehaftete Geschäftsfelder investieren oder investieren wollen. Aus einer solchen Kumulation können systemische Risiken[12] entstehen, die es zu verhindern gilt.

---

[12] Ein systemisches Risiko liegt vor, wenn sich ein auf ein Element eines Systems (Kapitalmarkt etc.) einwirkendes Ereignis aufgrund der dynamischen Wechselwirkungen zwi-

> Die Finanzaufsicht verlangt den Nachweis, dass der Geschäftserfolg eines Instituts kein Zufallsprodukt ist, sondern vielmehr das Ergebnis bewusst getroffener Entscheidungen auf der Grundlage einer klaren Strategie.

1.4 Risikotragfähigkeit als Grundregel des Risikomanagements

Zielsetzung der Risikoaggregation ist die Bestimmung der Gesamtrisikoposition eines Unternehmens sowie eine Ermittlung der relativen Bedeutung der Einzelrisiken unter Berücksichtigung von Wechselwirkungen (Korrelationen) zwischen diesen Einzelrisiken.[13]

Die Risikoaggregation kann erst durchgeführt werden, wenn die Wirkungen der Risiken unter Berücksichtigung ihrer jeweiligen Eintrittswahrscheinlichkeit, ihrer Schadensverteilung (quantitative Auswirkung) sowie ihrer Wechselwirkungen untereinander durch ein geeignetes Verfahren ermittelt werden.

Eine Aggregation aller relevanten Risiken ist erforderlich, weil sie auch in der Realität zusammen auf Gewinn und Eigenkapital wirken. Es ist damit offensichtlich, dass alle Risiken gemeinsam die Risikotragfähigkeit eines Unternehmens belasten (siehe Abbildung 3).

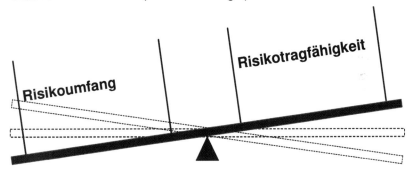

Abbildung 3: Risikotragfähigkeit versus Risikoumfang

---

schen den Elementen des Systems auf das System als Ganzes negativ auswirken kann oder wenn sich aufgrund der Wechselwirkungen zwischen den Elementen die Auswirkungen mehrerer auf einzelne Elemente einwirkender Ereignisse so überlagern, dass sie sich auf das System als Ganzes negativ auswirken können.

[13] Vgl. Gleißner, W./Romeike, F. (2005): Risikomanagement – Umsetzung, Werkzeuge, Risikobewertung, S. 31 ff. und Gleißner, W. (2008): Grundlagen des Risikomanagements, München, 2008.

In dem Kontext kann Risikokapital als der Betrag verstanden werden, der erforderlich ist, um ein negatives Geschäftsergebnis, welches mit einer bestimmten Wahrscheinlichkeit eintritt, gerade noch ausgleichen zu können. Die Kapitalerhaltung und Erhaltung der Liquidität ist nicht nur im Interesse des Versicherungsunternehmens, sondern auch Gegenstand der Finanzaufsicht. Die Aufsichtsbehörde fordert eine „dauernde Erfüllbarkeit der Verpflichtungen aus den Versicherungen" (§ 81 VAG) und verlangt, dass die Versicherungsunternehmen eine ausreichende Menge an Kapital und liquiden Mitteln bereithalten.

Die Beurteilung des Gesamtrisikoumfangs ermöglicht eine Aussage darüber, ob die oben bereits erwähnte Risikotragfähigkeit eines Unternehmens ausreichend ist, um den Risikoumfang des Unternehmens tatsächlich zu tragen und damit den Bestand des Unternehmens zu gewährleisten. Sollte der vorhandene Risikoumfang eines Unternehmens gemessen an der Risikotragfähigkeit zu hoch sein, werden zusätzliche Maßnahmen der Risikobewältigung erforderlich. Die Kenntnis der relativen Bedeutung der Einzelrisiken (Sensitivitätsanalyse) ist für ein Unternehmen in der Praxis wichtig, um Risikomanagementmaßnahmen zu priorisieren. In Abbildung 4 ist die prinzipielle Vorgehensweise der Risikoaggregation dargestellt.

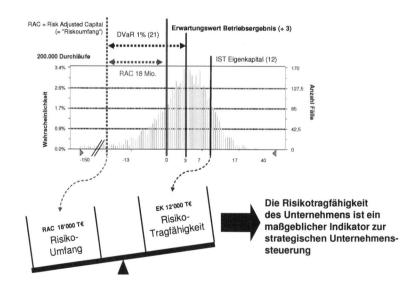

Abbildung 4: Risikotragfähigkeit als Grundregel des Risikomanagements

Zunächst müssen alle Risiken, denen ein Versicherungsunternehmen ausgesetzt ist, aggregiert werden. Außerdem muss ein Risikomaß[14] sowie ein Sicherheitsniveau (Konfidenzniveau) definiert werden. Die Wahl des Risikomaßes hängt von der jeweiligen Interpretation des Risikomaßes und des Sicherheitsniveaus ab. Das Sicherheitsniveau liegt im Allgemeinen bei mindestens 99 %. Je höher das Sicherheitsniveau, desto höher das ökonomische Risikokapital. Bei einem theoretischen Sicherheitsniveau von 100 % wäre ein unendlicher Kapitalbedarf erforderlich, da alle nur denkbaren Risiken im „Kapitalpuffer" berücksichtigt würden. So verwendet die Allianz-Gruppe zur Berechnung des internen Risikokapitals mittels des VaR-Ansatzes ein Konfidenzniveau von 99,97 % und eine Haltedauer von einem Jahr. Solche Annahmen entsprechen einem „AA"-Rating nach Standard & Poor's. Der so ermittelte Kapitalbedarf reicht aus, um ein Jahr lang einen Verlust zu decken, der in drei von 10 000 Jahren eintreten wird.

Aus methodischer Sicht kann für die Risikoaggregation die so genannte „Monte-Carlo-Simulation" verwendet werden. Hier werden zunächst die Wirkungen der Einzelrisiken bestimmten Positionen etwa der Plan-Erfolgs-Rechnung oder der Plan-Bilanz zugeordnet: Beispielsweise wird sich eine ungeplante Erhöhung der Gehälter auf die Position „Personalaufwand" auswirken. Eine Voraussetzung für die Bestimmung des „Gesamtrisikoumfangs" mittels Risikoaggregation stellt die Zuordnung von Risken zu Positionen der Unternehmensplanung dar. Es stellt also die mögliche Ursache einer Planabweichung dar.

Zudem können jedoch auch „ereignisorientierte Risiken" (wie etwa eine außergewöhnliche Naturkatastrophe) eingebunden werden. Ein Blick auf die verschiedenen Szenarien der Simulationsläufe veranschaulicht, dass sich bei jedem Simulationslauf andere Kombinationen von Ausprägungen der Risiken ergeben. Damit erhält man in jedem Schritt einen simulierten Wert für die betrachtete Zielgröße (beispielsweise Gewinn oder Cashflow). Die Gesamtheit aller Simulationsläufe (siehe Abbildung 5) liefert eine „repräsentative Stichprobe" aller möglichen Risiko-Szenarien des Unternehmens. Aus den ermittelten Realisationen der Zielgröße ergeben sich aggregierte Wahrscheinlichkeitsverteilungen (Dichtefunktionen), die dann für weitere Analysen genutzt werden.

---

[14] Mögliche Risikomaße sind der Value at Risk oder der Expected Shortfall (Details siehe Kapitel 5).

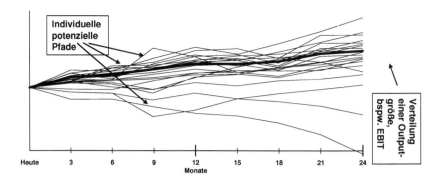

Abbildung 5: Stochastische Modellierung von zukünftigen Szenarien

Bei einem stochastischen Simulationsmodell werden viele Zehntausende oder Hunderttausende von potenziellen Szenarien bzw. Zukunftspfaden – basierend auf der expliziten Modellierung aller Risikoparameter – berechnet. Ergebnis sind verschiedene Verteilungsfunktionen der Outputgrößen zu unterschiedlichen Zeitpunkten in der Zukunft.

Ausgehend von der durch die Risikoaggregation ermittelten Verteilungsfunktion der Gewinne kann man unmittelbar auf den Eigenkapitalbedarf (Risk-Adjusted-Capital, RAC) des Unternehmens schließen. Zur Vermeidung einer Überschuldung wird zumindest soviel Eigenkapital benötigt, wie auch Verluste auftreten können, die dieses reduzieren. Analog lässt sich der Bedarf an Liquiditätsreserven unter Nutzung der Verteilungsfunktion der Zahlungsflüsse (freie Cashflows) ermitteln. Ergänzend können Risikokennzahlen abgeleitet werden. Ein Beispiel ist die Eigenkapitaldeckung, also das Verhältnis von verfügbarem Eigenkapital zu risikobedingtem Eigenkapitalbedarf.

Risiken beeinflussen die Kapitalkostensätze (Diskontierungszinssätze) von Unternehmen, also die risikoabhängigen Mindestverzinsungsanforderungen. Damit bestimmen sie auch den Unternehmenswert. Folglich kann das Risikomanagement zu einer Steigerung des Unternehmenswertes und damit zum Unternehmenserfolg maßgeblich beitragen. Aus den Ergebnissen der Risikoaggregation lassen sich auch die Kapitalkostensätze (Diskontierungszinssatz) für das Unternehmen ableiten. Naheliegenderweise sollten die risikoabhängigen Kapitalkostensätze (WACC[15]) vom tatsächlichen Risikoumfang eines Unternehmens abhängig sein. Genau diese Informationen stellt das Risikomanagement bereit.

1.5 Risikoorientierte Steuerung in der Assekuranz

Als risiko- und wertorientierte Unternehmensführung wird ein Managementverständnis bezeichnet, bei dem allen wesentlichen Entscheidungen ein Abwägen der Risiken – verstanden als Überbegriff von Chancen und Gefahren – vorausgeht, mit dem Ziel den Unternehmenswert zu erhöhen. Charakteristisches Merkmal einer wertorientierten Steuerung ist eine Unternehmensführung, die sich primär an den Interessen der Aktionäre bzw. der Unternehmenseigentümer orientiert. Eine wert- und risikoorientierte Unternehmensführung ist damit speziell weit mehr als das klassische Verständnis des Risikomanagements.

Risikoorientierte Unternehmensführung ist ein ganzheitlicher Ansatz, der alle Funktionen, Prozesse und Bereiche eines Unternehmens umfasst. Die heute zunehmend populäre Konzeption eines wertorientierten Managements ist als Spezialfall für eine risikoorientierte Unternehmensführung aufzufassen, bei der die Risiken – über den Diskontierungszinssatz bzw. Kapitalkostensatz – im Erfolgsmaßstab bzw. Performance Maß „Unternehmenswert" (oder Wertbeitrag oder EVA[16]) erfasst werden. Im Gegensatz zur heute noch oft anzutreffenden kapitalmarktorientierten Betrachtung eines wertorientierten Managements erfordert eine risikoorientierte Unternehmensführung, dass die überlegenen unternehmensinternen Informationen über die Risiken konsequent genutzt werden, um bessere Entscheidungen zu treffen – also speziell für die Berechnung der zu erwartenden Veränderungen des Unternehmenswerts in Abhängigkeit einer betrachteten Entscheidung ausgewertet werden.

Basis einer risikoorientierten Unternehmensführung ist das Verständnis aller Mitarbeiter, dass Unternehmertum ohne das gezielte Eingehen von Risiken unmöglich ist. Der Erfolg eines Versicherungsunternehmens ist maßgeblich dadurch bestimmt, dass die richtigen Risiken eingegangen werden und der Gesamtumfang der Risiken die Risikotragfähigkeit des Unterneh-

---

[15] WACC (Weighted Average Cost of Capital): Gewichteter durchschnittlicher Kapitalkostensatz, wird auch für die Unternehmensbewertungen nach der DFCF-Methode (Discounted Free Cash flow) verwendet, um den Kapitalisierungszinssatz auszurechnen. Vgl. Romeike, F. (2004): Lexikon Risiko-Management, S. 151.
[16] EVA (Economic Value Added) stellt einen Residualgewinn dar und ergibt eine absolute Nettogröße eines Gewinns nach Abzug der Kapitalkosten für das eingesetzte Gesamtkapital. Vereinfacht: EVA = Kapitalerlöse abzüglich Kapitalkosten.

mens nicht überschreitet. Eine risikoorientierte Unternehmensführung strebt an, dass sich alle Mitarbeiter bei ihren Entscheidungen und Handlungen der jeweiligen Chancen und Gefahren bewusst sind. Entscheidungen sind zukunftsbezogen und die Zukunft ist nicht punktgenau vorherzusagen, es lassen sich lediglich Bandbreiten der zu erwartenden Entwicklung angeben, was bei Entscheidungen zu berücksichtigen ist. Ein Mehr an Unsicherheit – höhere Risiken – erfordert höhere erwartete Erträge. Dies ist eine andere Formulierung für eine der Grundideen eines wertorientierten Managementverständnisses. Für Controlling, Planung und Budgetierung bedeutet ein risikoorientierter Unternehmensführungsansatz, dass grundsätzlich Transparenz geschaffen werden muss über sämtliche unsicheren Planannahmen und jede Planung explizit aufzeigen muss, in welchem Umfang Planabweichungen eintreten können. So wird die Planungssicherheit sensibilisiert und der mögliche Umfang risikobedingter Verluste wird aufgezeigt, was wiederum die Ableitung des Bedarfs an „teurem" Eigenkapital ermöglicht, die Konsequenzen der Zukunftsplanung für das Rating eines Unternehmens einschätzen lässt und grundsätzlich bei Entscheidungen gewährleistet, dass die erwarteten Erträge und die Risiken gegeneinander abgewogen werden.

Im Bereich des strategischen Managements führt diese Managementkonzeption dazu, dass bei der Entwicklung und Umsetzung einer Strategie speziell auch alle Chancen und Gefahren der Zukunft betrachtet werden – insbesondere die so genannten strategischen Risiken, wie speziell die Bedrohung der zentralen Erfolgspotenziale (beispielsweise die Kernkompetenzen in einem bestimmten Marktsegment) des Unternehmens.

In diesem Kontext wird deutlich, dass eine risikoorientierte Führungskonzeption auch besonderen Wert auf den Aufbau eines leistungsfähigen Risikomanagements legt. Es stellt die Instrumente bereit, die einer strukturierten Identifikation, Bewertung und kontinuierlichen Überwachung der Risiken dienen und eine Verdichtung der Risikoinformationen gewährleisten. Insgesamt will damit eine risikoorientierte Unternehmensführungskonzeption gewährleisten, dass die Fähigkeiten des Unternehmens im Umgang mit Chancen und Gefahren verbessert werden – insbesondere durch das Bereitstellen von Instrumenten und Verfahren für bessere Entscheidungen unter Unsicherheit.

2 Die neuen Solvabilitätsregeln und die Mindestanforderungen an das Risikomanagement (MaRisk)

2.1 Solvency II im Überblick

Es gibt kaum ein Thema, das die deutsche und europäische Versicherungswirtschaft derzeit so stark beschäftigt wie die neuen Solvabilitätsregeln im Rahmen des Projekts Solvency II. Die verschiedensten Krisen der letzten Jahre, bedingt durch vermehrte Naturkatastrophen (Hurrikan Kathrina in den USA, Überschwemmungen in Europa, globale Erwärmung), turbulente Kapitalmarktentwicklungen (Finanzkrise 2007/08 infolge Subprimeengagements) oder die erhöhte Terrorgefahr (terroristische Anschläge in New York, London, Madrid usw.), haben die gestiegenen Gefahren aufgezeigt, denen Versicherungsunternehmen ausgesetzt sind. Der Wunsch nach einer angemessenen Bewertung und Eigenkapitalhinterlegung aufgrund der eingegangenen Risiken wurde immer größer. Im Zusammenhang mit den neuen innerhalb der EU einheitlichen Solvabilitätsvorschriften (Solvency II) werden die Versicherungsunternehmen dazu aufgefordert, eigene interne Risikomodelle zu entwickeln, um die unternehmensspezifischen Risiken besser abbilden und entsprechend steuern zu können.

2.1.1 Begriff der Solvabilität

Unter Solvabilität wird allgemein die Eigenmittelausstattung eines Versicherungsunternehmens verstanden. Die International Association of Insurance Supervisors (IAIS) [17] spricht von Solvabilität, wenn ein Versicherungsunternehmen in der Lage ist, die sich aus den Versicherungsverträgen ergebenden Verpflichtungen jederzeit zu erfüllen. Die Wahrung der Solvabilität wird als eine selbstverständliche Pflicht der Unternehmensführung angesehen.[18]

In Deutschland sind Versicherer „verpflichtet, zur Sicherstellung der dauernden Erfüllbarkeit der Verträge stets über freie, unbelastete Eigenmittel mindestens in Höhe der geforderten Solvabilitätsspanne zu verfügen"(§ 53c Abs. 1, Satz 1 VAG). Die Höhe der Solvabilitätsspanne richtet sich nach der KapAusstV und ist eine Anforderung an die spezifisch definierte Kapitalausstattung bei Versicherungsunternehmen. Die Soll-Solvabilität gibt die erforderliche Mindesthöhe an Eigenmitteln an. Die Ist-Solvabilität beschreibt

---

[17] Die internationale Vereinigung der Versicherungsaufsichtsbehörden besteht aus Aufsichtsbehörden von mehr als 130 Staaten. Zu ihren Zielen zählen u. a. die laufende Verbesserung der Aufsichtstätigkeit, die Förderung stabiler Versicherungsmärkte und der Beitrag zu weltweiter Finanzstabilität.

[18] Vgl. Farny, D./Helten, E./Koch, P./Schmidt, R. (1988), Handwörterbuch der Versicherung, S. 785.

die tatsächlich vorhandenen Eigenmittel des Versicherers und sollte die Soll-Solvabilität nicht unterschreiten.

Der 1997 veröffentlichte Bericht der Müller-Kommission war die Grundlage für das derzeitige Solvenzsystem (Solvency I). Inhalt des Berichtes waren Empfehlungen zur Modernisierung der Aufsichtstätigkeit und des bestehenden Solvenzsystems in Europa. Solvency I ist seit 2004 anzuwenden. Die Eigenkapitalanforderungen sind relativ leicht zu berechnen. Sie müssen zu jedem beliebigen Zeitpunkt erfüllt sein und orientieren sich hauptsächlich am Schaden- und Beitragsvolumen. Solvency I ist zwar einfach, nachvollziehbar und unternehmensübergreifend vergleichbar, aber es gibt auch viele Anlässe zur Kritik.[19] U. a. wird bemängelt, dass die vorgegebenen Parameter, die für die Solvenzanforderungen benutzt werden, risikotheoretisch nicht begründbar sind. Durch die starren Parameter wird die spezielle individuelle Risikosituation eines Versicherungsunternehmens nicht realistisch abgebildet.

2.1.2 Intentionen für Solvency II

Die Sicherstellung einer ausreichenden Solvabilität ist das zentrale Ziel der Solvabilitätsvorschriften. Um dies zu gewährleisten, ist ein modernes und leistungsstarkes Aufsichtsmodell erforderlich. Da das bestehende Solvenzsystem den Anforderungen nicht genügt, wird derzeit ein neues verbessertes Aufsichtsmodell entwickelt. Dafür gibt es zahlreiche Gründe. Nach der Deregulierung Mitte der 1990er-Jahre wurde ein Anstieg an Insolvenzen wahrgenommen. Durch steigenden Wettbewerbsdruck, anhaltende Globalisierung und neue weitreichende gesetzliche Rahmenbedingungen haben sich für die Branche neue Aufgaben und Herausforderungen ergeben. Als Folge der anhaltenden Aktienbaisse zu Beginn des Jahrtausends sind die stillen Reserven auf der Aktivseite der Bilanzen teilweise deutlich gesunken. Nicht zuletzt ist ein stabiles Aufsichtsmodell erforderlich, da die Versicherungsbranche am deutschen Kapitalmarkt der größte institutionelle Anleger ist.[20]

---

[19] Vgl. Farny, D. (2006), Versicherungsbetriebslehre, S. 794-798, GDV (2005), 10 Kernpunkte der deutschen Versicherungswirtschaft zu Solvency II, S. 15/16 und Nguyen, T. (2008), Handbuch der wert- und risikoorientierten Steuerung von Versicherungsunternehmen, S. 289 ff. sowie Romeike, F./Müller-Reichart, M. (2008): Risikomanagement in Versicherungsunternehmen – Grundlagen, Methoden, Checklisten und Implementierung, 2. Auflage, S. 120 ff.

[20] Vgl. Follmann, D. (2007), Basel II und Solvency II – Aufsichtsmodelle im Vergleich, S. 51.

Der von der EU in Auftrag gegebene Sharma-Bericht kommt zu dem Ergebnis, dass die Unternehmensführung die Hauptursache für die Insolvenz eines Versicherungsunternehmens sei. Durch den Bericht wird deutlich, dass die bisherigen Risikomanagementsysteme in den Versicherungsunternehmen größtenteils unzureichend ausgestaltet sind.[21] Außerdem wird bemängelt, dass sich die aktuellen Regelungen zur Bestimmung der Solvabilität nach dem Geschäftsvolumen und nicht nach der wahren Risikostruktur des Versicherers richten. Das tatsächliche Risiko soll durch Solvency II tiefer gehend untersucht werden und als Basis für die vom Versicherer vorzuhaltenden Eigenmittel gelten.[22]

Ziel des Projekts Solvency II ist es, die Eigenmittelanforderungen an die tatsächlichen Risiken der Versicherer zu knüpfen. Außerdem sollen für die Versicherer Anreize zu einem geeigneten Risikomanagementsystem geschaffen werden. Die Aufsichtstätigkeit soll effektiver und effizienter ausgestaltet werden. Sie soll grundlegend reformiert und mit anderen Branchen des Finanzsektors harmonisiert werden. Geeignete quantitative und qualitative Instrumente sollen entwickelt werden, um die Gesamtsolvabilität von Versicherungsunternehmen zu beurteilen und zu regulieren. Trotz des groß angelegten Projektes sollen übermäßige Komplexität und Detailbestimmungen weitgehend vermieden werden. Sonstige aktuelle internationale Entwicklungen, beispielsweise die des IASB oder Basel II, sollen bei der Ausarbeitung des Projekts berücksichtigt werden.

2.1.3 Das Drei-Säulen-Modell für die Versicherungswirtschaft

Da die Stabilisierung des Finanzdienstleistungssektors sowohl ein Ziel von Basel II als auch von Solvency II ist, lag es nahe, die Ansätze, die bei den neuen Baseler Eigenkapitalrichtlinien verwendet wurden, auch bei der Solvenzaufsicht für Versicherungsunternehmen zu verwenden, soweit diese auf die Versicherungswirtschaft übertragbar sind. Das künftige Aufsichtssystem wird nun auch auf einem Drei-Säulen-Konzept beruhen (siehe Abbildung 6).[23] Darin werden auf der Grundlage von quantitativen und qualita-

---

[21] Vgl. Romeike, F./Müller-Reichart, M. (2008): Risikomanagement in Versicherungsunternehmen – Grundlagen, Methoden, Checklisten und Implementierung, 2. Auflage, S. 63 ff.

[22] Vgl. Berkhoff, C./Bölscher, J. (2006), Neue Herausforderungen an die deutsche Versicherungsaufsicht in den Zeiten von Solvency II, S. 284.

[23] Vgl. Schubert, T./Grießmann, G. (2004), Solvency II = Basel II + X, S. 1400 und Heistermann, B. (2003), Solvency II – Die Grundzüge des neuen Aufsichtssystems werden sichtbar, S. 20.

tiven Ansätzen sowie von Transparenzvorschriften die Finanzausstattung und Aufsicht von Versicherungsunternehmen definiert.

Die *erste Säule* befasst sich mit den quantitativen Regelungen zur Eigenmittelausstattung von Versicherungsunternehmen in Abhängigkeit von Kapitalanlagerisiken, versicherungstechnischen Risiken, Asset-Liability-Mismatch Risiken, Kreditrisiken und operationalen Risiken. Dabei steht die Bestimmung der Mindestkapitalanforderung (Minimum Capital Requirement, MCR) und des Ziel-Solvenzkapitals (Solvency Capital Requirement, SCR) im Vordergrund. Um die Versicherungsnehmer davor zu schützen, dass das Versicherungsunternehmen in Insolvenz geht, wird es aufsichtsrechtliche Konsequenzen nach sich ziehen, falls das vorhandene Solvenzkapital unter das Ziel-Solvenzkapital oder gar unter das Mindestkapitalniveau fällt. Die Ermittlung des Mindestkapitals soll anhand bilanzieller Kerngrößen erfolgen und wird deswegen relativ einfach sein. Die Berechnung des SCR wird jedoch viel komplexer sein, da alle bedeutenden Risiken berücksichtigt werden sollen.[24]

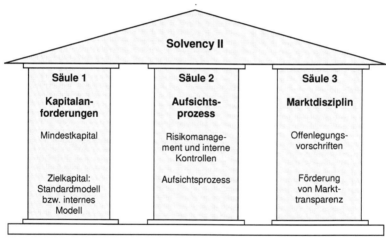

Abbildung 6: Drei-Säulen-Modell der Versicherungswirtschaft (Solvency II)

Durch das Ziel-Solvenzkapital sollen die Unternehmen angehalten werden, ihr Risikokapital an die „wahre" Risikolage und Geschäftspolitik anzuleh-

---

[24] Vgl. Füser, K./Freiling, A./Hein, B. (2005), Keine Angst vor Solvency II, S. 109.

nen.[25] Das Ziel-Solvenzkapital sollte dem wirtschaftlichen Kapital entsprechen, welches ein Unternehmen für seine Tätigkeit bei einer geringen Konkurswahrscheinlichkeit benötigt. Zur Bestimmung können die Versicherungsunternehmen einen EU-weiten Standardansatz oder ein eigenes, selbst entwickeltes internes Modell verwenden. Beide Verfahren sollen alle wesentlichen überwachungs- und steuerungsrelevanten Risiken umfassen. Da mit den internen Modellen die individuelle Risikosituation eines Versicherungsunternehmens dargestellt werden soll, wird es für die Unternehmen, die interne Modelle verwenden, erleichterte Eigenmittelanforderungen geben. Die internen Modelle müssen jedoch zuvor einzeln von den Aufsichtsbehörden genehmigt werden.

Die aufsichtsrechtliche Überprüfung (*zweite Säule*) stützt sich auf einen Bericht der „Conference of the Insurance Supervisory Services of the Member States of the European Union", den sogenannten „Sharma-Bericht". Diese Säule beinhaltet zwei Aspekte:

> Der erste Aspekt umfasst Vorschriften für die Prozesse des Risikomanagements und der Risikokontrolle durch die Aufsichtsbehörde. Kernpunkte sind die interne Kontrolle, die Beurteilung und qualitative Überprüfung des Risikomanagements sowie angemessene Methoden zur Bewertung von Rückstellungen.

> Der zweite Aspekt betrifft die Anforderungen an den aufsichtsrechtlichen Überprüfungsprozess. Dafür werden Grundsätze für die Eingriffs- und Kontrollrechte im Rahmen der Aufsichtstätigkeit formuliert. Aufsichtsbehörden beurteilen die Eigenkapitalausstattung von Versicherungsunternehmen und prüfen, ob Gesetze und die übrigen Vorschriften eingehalten werden.

Die Überwachung des Risikomanagementsystems durch die Aufsicht soll künftig zunehmen. Qualitative Elemente wie Prozessabläufe, Kontrollen und Berichtswesen werden an Bedeutung gewinnen.[26] Werden die Anforderungen aus der zweiten Säule von einem Versicherungsunternehmen nicht erfüllt, sollen die Aufsichtsbehörden beispielsweise eine höhere Eigenkapitalausstattung verlangen dürfen als nach der Mindesteigenkapitalanforderung vorgeschrieben ist. Ergänzend sollen die Aufsichtsbehörden zukünftig verstärkt miteinander kooperieren und ihre Tätigkeit gegenüber den Marktteilnehmern transparent machen.

---

[25] Vgl. Heistermann, B. (2003), Solvency II – Die Grundzüge des neuen Aufsichtssystems werden sichtbar, S. 20.
[26] Vgl. Eling, M./Schmeiser, H. (2006), Versicherungsaufsicht unter Solvency II – zwei Phasen, drei Säulen und zwei Stufen, S. 23.

In der *dritten Säule* (Marktdisziplin) finden sich Vorschriften zu einer verstärkten Offenlegungs- und Publizitätspflicht der Versicherungsunternehmen. Dadurch soll die interessierte Öffentlichkeit ein umfassendes Bild über die Risikolage der Versicherer erhalten. Wie die endgültigen Transparenzvorschriften aussehen werden, hängt davon ab, wie die Regeln für die ersten beiden Säulen schlussendlich festgelegt werden.

2.1.4 Solvabilitätsanforderungen

2.1.4.1 Solvabilitätskennzahl

Die erste Säule enthält quantitative Kapitalanforderungen. Zur Beurteilung der Solvabilität eines Versicherungsunternehmens werden die risikopolitischen Maßnahmen der Risikolage eines Versicherungsunternehmens gegenübergestellt. Mit Hilfe der

$$\text{Solvabilitätskennzahl} = \frac{\text{Ist-Solvabilität}}{\text{Soll-Solvabilität}}$$

wird überprüft, ob ein Unternehmen die Solvabilitätsvorschriften erfüllt. Es erfüllt die Vorschriften, falls der Quotient mindestens 1 beträgt.

Es ist offensichtlich, dass alle Risiken eines Versicherungsunternehmens aggregiert die Risikotragfähigkeit belasten (siehe Abbildung 3). Eine Aggregation aller relevanten Risiken ist erforderlich, weil sie auch in der (Unternehmens-)Realität zusammen auf Gewinn und Eigenkapital wirken. Die Beurteilung des Gesamtrisikoumfangs ermöglicht eine Aussage darüber, ob die Risikotragfähigkeit eines Unternehmens ausreichend ist, um den Risikoumfang des Unternehmens tatsächlich zu tragen und damit den Bestand des Unternehmens zu gewährleisten. Sollte der vorhandene Risikoumfang eines Unternehmens gemessen an der Risikotragfähigkeit zu hoch sein, werden zusätzliche Maßnahmen der Risikobewältigung (etwa der Einkauf von Rückversicherungsschutz) erforderlich.

Solvency II sieht zwei Kapitalanforderungen für die Soll-Solvabilität vor:

> Die Mindestkapitalanforderung (Minimum Capital Requirement, kurz: MCR) sollte eine einfache, robuste und objektive Größe sein, die bei einer Unterschreitung drastische aufsichtsrechtliche Maßnahmen zur Folge hätte.

> Die Solvabilitätskapitalanforderung (Solvency Capital Requirement, kurz: SCR) ist die nach Solvency II relevante Zielgröße und soll als

ökonomisches Risikokapital definiert werden. Sie stellt den erforderlichen Betrag dar, um zu einem vorgegebenen Konfidenzniveau über einen bestimmten Zeitraum die Zahlung aller Versicherungsleistungen sicherzustellen. Hierfür müssen alle quantifizierbaren Risiken einbezogen werden. Sie kann entweder mit Hilfe eines Standardmodells oder mit Hilfe eines internen Modells, das von der Aufsichtsbehörde geprüft und genehmigt wurde, berechnet werden.

Bei der Berechnung der Kapitalanforderungen sollen alle Risiken und Abhängigkeiten zwischen den Risiken auf Basis von Bilanzdaten abgebildet werden. Außerdem sollen risikomindernde Maßnahmen vollständig anrechenbar sein. Zur Berechnung der Solvabilitätskapitalanforderung müssen ein Risikomaß und ein Konfidenzniveau (auch Sicherheitsniveau, beispielsweise 99 %) bestimmt werden. Als Risikomaß kommen zum Beispiel der Value at Risk (VaR) oder der Expected Shortfall (ES oder Tail Value at Risk) in Betracht.

CEIOPS (Committee of European Insurance and Occupational Pensions Supervisors) schlägt in diesem Zusammenhang ein Sicherheitsniveau von 99,5 % für den VaR[27] vor, das in etwa einem ES von 99 % entspricht. Aus versicherungsmathematischer und methodischer Sicht wird der ES dem VaR vorgezogen.[28] Der Beobachtungszeitraum wird voraussichtlich ein Jahr betragen. In diesem Zeitraum sollen alle Risiken der Versicherungsunternehmen unter der Annahme einer Going Concern-Sicht einbezogen wer-

---

[27] Der VaR stellt dabei die in Geldeinheiten berechnete negative Veränderung eines Wertes dar, die mit einer bestimmten Wahrscheinlichkeit (Konfidenzniveau) innerhalb eines festgelegten Zeitraumes nicht überschritten wird. Ein Ein-Jahres Value at Risk mit Konfidenzniveau von 99,9 Prozent in der Höhe von 10 Millionen Euro beispielsweise, bedeutet, dass statistisch gesehen nur durchschnittlich alle 1000 Jahre mit einem Verlust von mehr als 10 Millionen Euro zu rechnen ist. Der VaR gibt nicht – wie häufig fälschlicherweise definiert – den maximalen Verlust eines Portfolios an. Insbesondere ist bei einem exakten VaR-Modell beispielsweise bei einem Konfidenzniveau von 99 % gerade in 1 von 100 Fällen ein größerer Verlust als der durch den VaR prognostizierte Verlust „erwünscht", da nur dann der VaR ein guter Schätzer ist; andernfalls überschätzt der VaR das Risiko, wenn in weniger als 1 von 100 Fällen der tatsächliche Verlust größer ist als der durch den VaR prognostizierte Verlust bzw. unterschätzt der VaR das Risiko, wenn in mehr als 1 von 100 Fällen der tatsächliche Verlust größer ist als der durch den VaR prognostizierte Verlust. Vgl. Romeike, F. (2004): Lexikon Risiko-Management, S. 145 sowie Romeike, F./Müller-Reichart, M. (2008): Risikomanagement in Versicherungsunternehmen – Grundlagen, Methoden, Checklisten und Implementierung, 2. Auflage, S. 79.

[28] Der VaR besitzt als Risikomaß folgende Eigenschaften: Monotonie, Homogenität und Translationsinvarianz. Es ist aber nicht subadditiv. Vgl. Artzner, P./Delbaen, F./Eber, J.-M./Heath, D. (1999): Coherent Measures of Risk, Mathematical Finance 9 no. 3, 203-228.

den. Die endgültige Entscheidung über ein Risikomaß, ein Konfidenzniveau und über den Betrachtungszeitraum wurde noch nicht gefällt.

2.1.4.2 Kapitalanforderungen im GDV-Modell

Das Modell des Gesamtverbands der Deutschen Versicherungswirtschaft (GDV-Modell) ist relativ einfach und pauschal aufgebaut, da ein zukünftiges Standardmodell EU-weit eingesetzt werden soll. Diesen Grundsatz hatten GDV, BaFin und DAV während der gesamten Entwicklung immer vor Augen. Im aktuellen Modell sind deswegen Anpassungen und Änderungen an nationale Besonderheiten mit wenig Aufwand möglich. Gleichzeitig wurde auch darauf geachtet, dass alle relevanten Risiken, denen ein Versicherungsunternehmen ausgesetzt ist bzw. ausgesetzt sein kann, berücksichtigt werden. Folgende Abbildung 7 zeigt, welche Risikokategorien im Versicherungsunternehmen nach dem GDV-Modell abzubilden sind.

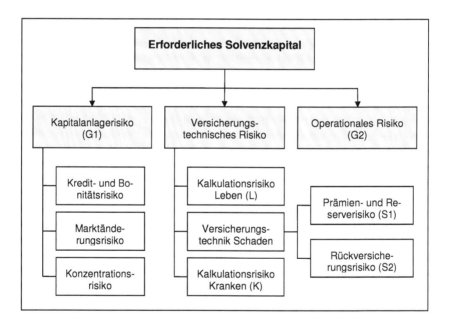

Abbildung 7: Risikokategorien beim GDV-Modell

Unter dem *Kapitalanlagerisiko* werden alle Risiken verstanden, die sich aus den Entwicklungen am Kapitalmarkt ergeben. Hierunter fallen reine Kapitalmarktrisiken, die sich nur auf die Aktivseite der Bilanz eines Versicherungsunternehmens auswirken, aber auch Risiken, die sich zusätzlich in den Bilanzposten der Passivseite niederschlagen. Die Letzteren müssen in einem Asset-Liability-Zusammenhang betrachtet werden. Das Kapitalanlagerisiko lässt sich in folgende Unterkategorien aufteilen:

- Kredit- und Bonitätsrisiko, das durch Veränderungen der Bonität des Schuldners entsteht, bis hin zur Nichterfüllung der Verpflichtungen des Schuldners.

- Marktänderungsrisiko, bedingt durch die Volatilität der Kapitalmärkte, beinhaltet folgende Teilrisiken: Zinsänderungsrisiko; Kursänderungsrisiko für Aktien; Währungsrisiko, bedingt durch Wechselkursschwankungen bei nicht kongruenter Bedeckung und Wertänderungsrisiko für Immobilien.

- Konzentrationsrisiko, bedingt durch sehr hohe Einzelengagements.

Das *versicherungstechnische Risiko* ist die Gefahr, dass die tatsächlichen Gesamtschäden die erwarteten Schäden übersteigen. Da diese Risiken sehr von der jeweiligen Versicherungssparte abhängen, sind sie auch in die Klassen Leben, Schaden und Kranken unterteilt.

- Das spartenspezifische Risiko besteht im Lebenmodell aus dem Kalkulationsrisiko der Lebensversicherer (L). Dieses wird wiederum unterteilt in die Kategorien Kosten-, Forderungsausfall- und biometrische Risiken. Das Garantierisiko findet bereits im Kapitalanlagerisiko Beachtung.

- Auch im Krankenmodell resultiert das spartenspezifische Risiko aus dem Kalkulationsrisiko (K), und die ALM-Aspekte werden im Kapitalanlagerisiko abgebildet.

- Im Schaden-/Unfallmodell bestehen die spezifischen Risiken aus dem Prämien- und Reserverisiko (S1) und dem Rückversicherungsausfallrisiko (S2).

Das *operationale Risiko* besteht aus sämtlichen betrieblichen Risiken, denen das Versicherungsunternehmen ausgesetzt ist und die für das Unternehmen einen Schaden verursachen können.[29] Diese Risiken wurden bisher unter Solvency I bei den Solvabilitätsanforderungen nicht berücksich-

---

[29] Das operationelle Risiko beinhaltet sowohl operative als auch strategische Risiken. In der Praxis werden jedoch häufig die Begriffe „operationelle" und „operative" Risiken synonym verwendet. In diesem Kontext meint man das Risiko von Verlusten bedingt durch inadäquate oder fehlerhafte interne Prozesse, Mitarbeiter, Systeme oder externe Ereignisse.

tigt. Die Risiken aus der allgemeinen Geschäftstätigkeit werden in vier Gruppen unterteilt:

- ➢ Die Prozessrisiken sind zum Beispiel Risiken beim Ablauf von Arbeitsprozessen oder bei der Organisation.
- ➢ Das personelle Risiko entsteht vor allem durch Missmanagement, Falschberatung, Betrug oder dem Ausfallrisiko eines Versicherungsvermittlers.
- ➢ Externe Risiken sind Markt- und Rechtsrisiken, die zum Beispiel durch Änderung der gesetzlichen Rahmenbedingungen (AltEinG, Steuergesetze) entstehen.
- ➢ Zum Katastrophenrisiko werden grundsätzlich Naturkatastrophen gezählt, die nicht unter das versicherungstechnische Risiko fallen. Nicht dazu zählen versicherungstechnische Risiken von Kumulrisiken durch Elementarereignisse, Großrisiken oder Epidemien.

Für die Berechnungen im GDV-Modell wurde als Risikomaß der Value at Risk (VaR) herangezogen. Bei der Standardformel wurde davon ausgegangen, dass das betrachtete Versicherungsunternehmen das nächste Jahr zu 99,5 % überlebt. Das entspricht also einer Ruinwahrscheinlichkeit von 0,5 % auf Einjahressicht. Um Versicherungsunternehmen, die noch nach HGB bilanzieren, nicht dazu zwingen zu müssen, auf die Bilanzierung nach IAS/IFRS umzustellen, werden bei diesem Ansatz die Marktwerte vereinfachend aus HGB-Zahlen hergeleitet.

Durch die Einführung von Solvency II werden sich die Kapitalanforderungen für viele Versicherungsunternehmen tendenziell erhöhen. So haben Feldtests, die vom GDV durchgeführt wurden, ergeben, dass die Kapitalanforderungen unter Verwendung des Modells sowohl für Lebens- als auch für Krankenversicherer tendenziell höher sind als nach den gegenwärtigen Solvenzvorschriften. Das GDV-Modell soll jedoch nicht von allen Versicherungsunternehmen benutzt werden, es soll vielmehr die Unternehmen dazu animieren auf Basis des Standardansatzes eigene interne Modelle zu entwickeln.

2.1.4.3 Kapitalanforderungen im internen Risiko-Modell

Versicherungsunternehmen sollen durch die Verwendung geeigneter interner Modelle die Risiken erfassen und gezielt steuern. Hieraus können dann verringerte Eigenkapitalanforderungen resultieren. Dies führt wiederum zu Wettbewerbsvorteilen, da das Unternehmen weniger Eigenkapitalkosten zu tragen hat. Unternehmen, die bei Einführung von Solvency II einen Vorsprung gegenüber Mitbewerbern haben wollen, müssen bereits heute an der Entwicklung ihrer internen Modelle arbeiten.

Grundsätzlich wird durch ein Standardmodell nur eine grobe Schätzung des benötigten Solvabilitätskapitals möglich sein. Interne Modelle hingegen erlauben eine realistischere Schätzung des benötigten Solvabilitätskapitals. Dies ist in der Regel mit einem größeren aktuariellen und technischen Aufwand verbunden. Sollte in einem Versicherungsunternehmen die Anwendung des Standardmodells das individuelle Risikoprofil nicht angemessen wiedergeben, so hat die Aufsichtsbehörde die Möglichkeit, von diesem Versicherungsunternehmen die Einrichtung eines internen Risikomodells bzw. eines internen Teilmodells zu verlangen.[30]

Bei internen Modellen sollten die Risiken direkt mit *Monte-Carlo-Simulationen* modelliert werden.[31] Der GDV ist der Ansicht, dass nur so eine hinreichend genaue Abbildung der Entwicklung des Kapitalmarktes und des Zufallselements des Versicherungsgeschäfts möglich ist. Die Anzahl der benötigten Szenarien hängt von der Berechnungsformel und von der Höhe der Ruinwahrscheinlichkeit ab. Ein internes Risikomodell kann jedoch nur effektiv eingesetzt werden, wenn die benötigten Daten (das sind beispielsweise die Bestands- und Schadendaten) vorhanden sind.[32] Erfahrungsgemäß beträgt die benötigte Vorlaufzeit für die Umsetzung eines internen Risikomodells etwa drei Jahre.

Neben dem Value at Risk wird auch der Tail Value at Risk (TVaR) im Kontext von Solvency II intensiv diskutiert.[33] Dieser ist definiert als der erwartete durchschnittliche Verlust, der die Verlustgrenze des VaR übersteigt. Somit berücksichtigt der TVaR auch den erwarteten Verlust, der bei Überschreitung des Sicherheitsniveaus entsteht. Der TVaR führt im Vergleich zum VaR regelmäßig zu höheren Kapitalanforderungen. Das kohärente Risikomaß TVaR wird von CEIOPS sowie der IAA bevorzugt.[34] Für Versiche-

---

[30] Vgl. Palm, S./Schüller, J. (2005), Synergien aus anderen Projekten nutzen, S. 826.

[31] Dabei handelt es sich um eine statistische Methode, mit der das Verhalten dynamischer Systeme untersucht werden kann, ohne dass die exakten Eingabedaten bekannt sein müssen, das heißt, es werden „Zufälle" generiert (vergleichbar mit einem Würfelspiel). Der Name kann dabei auf die Spielbank in Monte Carlo zurückgeführt werden, da man die statistischen Methoden, die der Monte-Carlo-Theorie zugrunde liegen, auch im Bereich der Spieltheorie wiederfindet. Quelle: www.risknet.de

[32] Vgl. Diers, D./Nießen, G. (2005), Interne Risikomodelle in der Praxis – Der Weg von der Erstellung und Implementierung bis zum regelmäßigen Einsatz (Teil II), S. 1750.

[33] Die verschiedenen Risikomaße werden im Kapitel 5 ausführlich behandelt.

[34] Vgl. CEIOPS (2005b), Answers to the European Commission on the second wave of Calls for Ad-vice in the framework of the Solvency II project, Answers to the European Commission on the second wave of Calls for Advice in the framework of the Solvency II project, S. 105.

rungsunternehmen ist die geeignete Wahl des Risikomaßes bei der Verwendung interner Modelle von großer Bedeutung. Im Bankensektor wird beispielsweise als Risiko der VaR verwendet. Für Versicherungsunternehmen ist daher diese Wahl ebenfalls zu empfehlen, da der TVaR gegebenenfalls zu Wettbewerbsverzerrungen auf den Kapitalmärkten führen könnte.

2.2 Anforderungen an das Risikomanagement durch Solvency II

Mit Inkrafttreten der neuen Solvabilitätsvorschriften ergeben sich unterschiedliche neue Anforderungen an die verschiedenen Funktionsbereiche im Versicherungsunternehmen. Diese neuen Anforderungen an das Risikomanagement sollen im Folgenden kurz erläutert werden.

2.2.1 Anforderungen an die strategische Unternehmensführung

Nach Solvency II trägt die Unternehmensleitung die Gesamtverantwortung für das Risikomanagementsystem. Wenn Versicherungsunternehmen bestimmte Funktionen an Dienstleistungsunternehmen auslagern, entbindet dies die Geschäftsleitung des auslagernden Versicherers nicht von ihrer Verantwortung für die ausgegliederten Vorgänge.[35] Die Unternehmensleitung trägt auch letztlich die Verantwortung für die Einhaltung der gesamten Rahmenrichtlinie. Die Unternehmensleitung soll eine klare Risikostrategie formulieren, die in die Unternehmensstrategie integriert ist und im Umgang mit Risiken als Orientierung dient. Zudem hat die Unternehmensleitung für ein angemessenes, vollständiges und konsistentes Berichtswesen zu sorgen.[36]

Das Risikomanagement muss kontinuierlich angewendet werden und auf veränderte Anforderungen flexibel reagieren können. Die Ausgestaltung hängt von Art, Umfang und Komplexität der Risiken eines Versicherungsunternehmens ab. Strategien, Regelungen und Prozesse, die die gegenwärtigen und zukünftigen Risiken beschreiben, sollen durch die Unternehmensleitung regelmäßig, d. h. mindestens jährlich, beobachtet und überprüft werden.

Den Unternehmen muss bewusst werden, dass Risikomanagement mehr als die bloße Pflicht aufsichtsrechtlicher und formaler Anforderungen ist.

---

[35] Vgl. CEIOPS (2007), Proposal for a Directive of the European Parliament and of the Council on the taking-up and pursuit of the business of Insurance and Reinsurance, Art. 48.
[36] Vgl. CEIOPS (2005a), Answers to the European Commission on the first wave of Calls for Advice in the framework of the Solvency II project, Tz. 51 f.

Denn durch ein angemessenes Risikomanagement können Versicherer großen Nutzen ziehen.[37] Die Verantwortlichen im Unternehmen können aufgrund der zur Verfügung gestellten Informationen bessere Entscheidungen treffen und somit den Wert des Unternehmens steigern sowie zu einer erhöhten Wettbewerbsfähigkeit beitragen. Um die hohe Bedeutung des Risikomanagements hervorzuheben, ist die Risikomanagementkultur gegenüber den Mitarbeitern immer wieder zu betonen und vorzuleben.

Die in Art. 44 des Richtlinienentwurfs beschriebene Risiko- und Solvabilitätsbeurteilung (ORSA: Own Risk and Solvency Assessment) ist ein interner Bewertungsprozess innerhalb des Versicherungsunternehmens. Dadurch soll die Risiko- und Kapitalsteuerung des Versicherers in die (strategische) Gesamtunternehmenssteuerung integriert werden. Der ORSA-Prozess beinhaltet neben Elementen des bereits erläuterten Risikomanagementprozesses die Beurteilung der Solvabilität im Versicherungsunternehmen. Als Bestandteil des Risikomanagements sollen Versicherer regelmäßig die Solvabilitätsanforderungen mit Blick auf ihr spezifisches Risikoprofil beurteilen. Sie sollen beurteilen, ob das von ihnen angewendete Modell zur Risikosteuerung geeignet ist.[38] Damit können mögliche Ereignisse, die ungünstige Auswirkungen auf die Solvenzsituation des Unternehmens haben könnten, erkannt werden. Die Ergebnisse, die sich einerseits aus dem ORSA-Prozess und andererseits aus der aufsichtsrechtlichen Berechnung des SCR (Solvency Capital Requirement) ergeben, sollen verglichen werden. Ein Vergleich gibt Aufschluss, ob bei der Berechnung des SCR im unternehmensindividuellen Fall Schwächen vorliegen.

Die Ergebnisse des ORSA-Prozesses sollen an die Aufsicht berichtet werden. Diese wiederum prüft, ob der Versicherer die Risiko- und Solvabilitätsbeurteilung ordnungsgemäß durchgeführt hat und ob die Ergebnisse plausibel sind. Kommt die Aufsichtsbehörde zu dem Ergebnis, dass das Risikomanagement im Unternehmen unangemessen ist, soll dies nicht nur zur Intensivierung des Risikomanagements führen, sondern auch zu weiteren internen Kontrollen und ggf. zu zusätzlichem Kapitalbedarf.

---

[37] Vgl. Romeike, F./Müller-Reichart, M. (2008): Risikomanagement in Versicherungsunternehmen – Grundlagen, Methoden, Checklisten und Implementierung, 2. Auflage, S. 148 ff. sowie Romeike, F./Erben, R. F./Müller-Reichart, M. (2006): Solvency II – Status Quo und Erwartungen. Erste deutsche Benchmark-Studie.

[38] Vgl. BaFin (2007b), BaFinJournal 2007, Nr. 6, S.18.

Durch den ORSA-Prozess wird vom Versicherer nicht zwingend die Entwicklung oder Anwendung von internen Modellen verlangt.[39] Wenn der Versicherer jedoch ein genehmigtes internes Modell zur Bestimmung des SCR benutzt, erweitert sich das Risikomanagementsystem des Unternehmens um Entwicklung, Implementierung, Test, Bewertung, Analyse und Dokumentation des Modells. Im Mittelpunkt der Anforderungen an die Unternehmensführung stehen versicherungsspezifische Aspekte. CEIOPS weist darauf hin, dass eine Harmonisierung der bestehenden nationalen Vorschriften in diesem Bereich ausdrücklich nicht beabsichtigt wird.[40]

2.2.2 Anforderungen an die operativen Einheiten

Neben der Geschäftsleitung sind auch die operativen Einheiten (Underwriting, Schadenabwicklung, Finanzanlage) von den neuen Anforderungen an das Risikomanagement betroffen.

2.2.2.1 Underwriting

Versicherungsunternehmen sollen nur dann Versicherungsschutz gewähren, wenn sie mit ihren Produkten das eingegangene Risiko unter Kontrolle haben. Außerdem müssen die gezeichneten Risiken für das Unternehmen tragbar sein. Die Zeichnungsstrategie sollte im Unternehmen klar definiert sein und das reale Zeichnungsverhalten kontinuierlich auf Konsistenz überprüft werden.

Für stark volatile und gefährliche Risiken sind passende Überwachungsmaßnahmen zu treffen. Zur Bewertung von Rückstellungen müssen angemessene Methoden eingesetzt werden. Insbesondere ist das Vorsichtsprinzip zu beachten, beispielsweise bei der Verwendung von Rechnungsgrundlagen in der Lebensversicherung oder bei der Anpassung der Wertansätze aufgrund neuer Informationen.

2.2.2.2 Schadenabwicklung

Für den Bereich Schadenmanagement müssen klare und getrennte Verantwortlichkeiten definiert werden. Außerdem müssen Anforderungen für die richtige Erfassung und ständige Aktualisierung der Schäden formuliert werden. Die angemessene statistische Bearbeitung der Schadendaten muss sichergestellt werden.

---

[39] Vgl. CEIOPS (2007), Proposal for a Directive of the European Parliament and of the Council on the taking-up and pursuit of the business of Insurance and Reinsurance, S.9, Kommentar zu Art. 44.
[40] Vgl. CEIOPS (2005a), Answers to the European Commission on the first wave of Calls for Advice in the framework of the Solvency II project, Tz. 36.

Zur Schadenbewertung sind qualifizierte Mitarbeiter einzusetzen. Die angewendeten Methoden müssen überprüft und die Verfahren dokumentiert werden. Ferner hat die Unternehmensführung für ein geeignetes internes Kontrollsystem und eine angemessene Berichterstattung zu sorgen.

2.2.2.3 Finanzanlage

Im Unternehmen muss unter Beachtung des zulässigen Risikoniveaus eine geeignete Anlagestrategie festgelegt werden. Für bestimmte Emittenten, Geschäftsbereiche, Regionen, Währungen und bestimmte Vermögenswerte sollen Grenzen vorgegeben werden. Die Unternehmensführung muss Grundsätze für den Einsatz von Finanzderivaten formulieren und kommunizieren. Die Aktiva muss mit objektiven und zulässigen Verfahren bewertet werden. Versicherungsunternehmen benötigen eine qualitative Beurteilung ihrer Kapitalanlage- und Asset-Liability-Management-Strategien, einschließlich ihres Ansatzes zur Diversifikation. Auch hieraus können erhöhte Kapitalanforderungen resultieren.

Die Strategie soll mindestens jährlich aktualisiert werden. Das Rückversicherungsprogramm soll an die Zeichnungspolitik angepasst werden. Die Rückversicherungspartner sind im Hinblick auf Bonität und Liquidität regelmäßig zu kontrollieren. Die Ergebnisse sind an die Aufsichtsbehörde weiterzuleiten.

2.2.3 Anforderungen an das Aktuariat

Nach einem Vorschlag von CEIOPS müssen Versicherungsunternehmen versicherungsmathematische Kompetenz nachweisen. Die aktuarielle Funktion soll von einer Person ausgeübt werden, die umfassendes Wissen in Aktuarwissenschaften und Finanzmathematik vorweist und über die nötige Erfahrung verfügt.[41] In Deutschland hat gemäß § 11a Abs. 1 VAG der Verantwortliche Aktuar in der Lebensversicherung die „Fit and Proper"-Anforderungen schon heute zu erfüllen. Die Entwicklungen zu einem risikoorientierten Ansatz und weitreichende Kapitalanforderungen verleihen dem Aktuar im Unternehmen mehr Bedeutung und Verantwortung.

Je nach Gesetzeslage in den Mitgliedstaaten kann die Aufsichtsbehörde zwischen zwei Modellen auswählen. Die Ansätze des beratenden Aktuars und des Verantwortlichen Aktuars stehen zur Auswahl. In beiden Fällen kann es sich um einen Mitarbeiter des Versicherungsunternehmens oder

---

[41] Vgl. CEIOPS (2007), Proposal for a Directive of the European Parliament and of the Council on the taking-up and pursuit of the business of Insurance and Reinsurance, Art. 47 Abs. 2.

um einen externen Berater handeln. Übergänge sind oft fließend. Der beratende Aktuar gibt auf Basis von Fachwissen und Erfahrung eine Meinung über versicherungsmathematische Sachverhalte ab. Die Verantwortung für Entscheidungen verbleibt aber stets bei der Geschäftsleitung. Der Verantwortliche Aktuar als Einzelperson hat offiziell Verantwortung gegenüber dem Versicherungsunternehmen und gegenüber der Aufsichtsbehörde. Dennoch mindert die Existenz des Verantwortlichen Aktuars nicht die Verantwortung der Geschäftsleitung.

Der Verantwortliche Aktuar darf nicht in der Unternehmensleitung tätig sein.[42] Dadurch soll verhindert werden, dass beispielsweise die Ermittlung der Rückstellungen zu bilanzpolitischen Maßnahmen missbraucht wird. Zu den Aufgaben zählt die jährliche Bewertung der Schulden des Versicherers. Aktuare sind insbesondere für die Koordination der Kalkulation von versicherungstechnischen Rückstellungen zuständig. Sie sollen die Angemessenheit der verwendeten Methoden, der zugrunde liegenden Modelle und der Annahmen gewährleisten.

Die Unternehmensleitung soll über die Verlässlichkeit und Angemessenheit der versicherungstechnischen Rückstellungen informiert werden. Zudem soll eine Stellungnahme zur Rückversicherungspolitik im Unternehmen abgegeben werden. Ferner sollen Aktuare in den Versicherungsunternehmen zu einem wirksamen Risikomanagementsystem beitragen.[43] Besteht die Unternehmensleitung auf Strategien, von denen der Verantwortliche Aktuar glaubt, dass sie negative Auswirkungen für das Versicherungsunternehmen haben, ist dies dem Aufsichtsgremium und der Aufsichtsbehörde anzuzeigen.[44] Damit soll die Pflicht zum „whistle-blowing"[45] fest vorgeschrieben werden.

Die Nichteinhaltung von Vorschriften ist ebenfalls zu melden. Um die Anforderungen durch Solvency II zu erfüllen, muss der Verantwortliche Aktuar mindestens jährlich einen Bericht mit den Ergebnissen und Empfehlungen

---

[42] Vgl. CEIOPS (2005b), Answers to the European Commission on the second wave of Calls for Ad-vice in the framework of the Solvency II project, Answers to the European Commission on the second wave of Calls for Ad-vice in the framework of the Solvency II project, Anhang A, Tz. 15.

[43] Vgl. CEIOPS (2007), Proposal for a Directive of the European Parliament and of the Council on the taking-up and pursuit of the business of Insurance and Reinsurance, Art. 47 Abs. 1.

[44] Vgl. CEIOPS (2005b), Answers to the European Commission on the second wave of Calls for Ad-vice in the framework of the Solvency II project, Anhang A, Tz. 14.

[45] Whistleblower bezeichnet einen Informanten, der Missstände, illegales Handeln (beispielsweise Korruption, Insiderhandel) oder allgemeine Gefahren, von denen er an seinem Arbeitsplatz erfährt, an die Öffentlichkeit bringt.

erstellen. Der Bericht muss klar, objektiv und über die Jahre konsistent sein. Wenn der Verantwortliche Aktuar nach Berichterstattung wesentliche Fehler entdeckt, sind sie zu korrigieren und an die Aufsichtsbehörde weiterzuleiten. Das Aktuariat hat zu beobachten, ob die im Bericht empfohlenen Handlungen auch ausgeführt werden. Die im Bericht veröffentlichten Informationen müssen einem anderen Aktuar ermöglichen, eine Meinung bilden zu können.

2.2.4 Anforderungen an sonstige Funktionen im Unternehmen

Die Zuständigkeiten und Verantwortlichkeiten im Unternehmen müssen klar aufgeteilt werden, da die Risikomanagementfunktion getrennt von der operativen Tätigkeit ausgeführt werden sollte.[46] Tabelle 1 zeigt, wie die Aufgaben auf die Organisationseinheiten zentrales Risikomanagement, operative Einheit und interne Revision aufgeteilt werden können. Diese Aufteilung basiert auf Anforderungen durch das KonTraG. Sie ist aufgrund der vorgesehenen Regeln durch Solvency II ebenfalls denkbar. Denn das Risikomanagementsystem soll in die Organisationsstruktur des Versicherungsunternehmens integriert sein.

Die operative Einheit ist für die Risikoidentifizierung und Risikobewertung zuständig. Sie ist zur Berichterstattung verpflichtet und hat, sofern erforderlich, geeignete Gegenmaßnahmen zu treffen. Zudem führt sie prozessimmanente Kontrollen durch. Bei prozessübergreifenden Kontrollen und bei der Erstellung eines zusammenfassenden Berichtes nimmt die operative Einheit eine unterstützende Funktion ein.

Die Organisationseinheit Risikomanagement wird auf verschiedene Funktionsträger im Unternehmen verteilt. In der Praxis erweisen sich Risikomanager, Risikocontroller, Risikoverantwortliche, interne Revision und Compliance-Beauftragter als wichtige Träger bei der Umsetzung und Durchführung des Risikomanagements.

---

[46] Vgl. CEIOPS (2005a), Answers to the European Commission on the first wave of Calls for Advice in the framework of the Solvency II project, Answers to the European Commission on the first wave of Calls for Advice in the framework of the Solvency II project, Art. 52.

Aufgaben	Organisationseinheit		
	Risikomanagement	Operative Einheit	interne Revision
Methoden/Verfahren	Ja	---	Mitwirkung
Information/ Kommunikation	Ja	---	---
Risikoidentifizierung	---	Ja	Mitwirkung
Risikoanalyse und -bewertung	---	Ja	---
Gegenmaßnahmen	Mitwirkung	Ja	---
prozessimmanente Kontrollen	Mitwirkung	Ja	Mitwirkung
prozessübergreifende Kontrollen	Ja	Mitwirkung	---
Reporting je Einheit	Mitwirkung	Ja	---
zusammenfassender Bericht	Ja	Mitwirkung	---
Risikocontrolling	Ja	---	---
prozessunabhängige Überwachung der Eignung und Funktionsfähigkeit des Systems	Mitwirkung	---	Ja
Unterstützung der operativen Einheiten, Projekte, etc.	Ja	---	Mitwirkung

Tabelle 1: Aufgabenverteilung auf die Organisationseinheiten

Der **Risikomanager** hat die Entscheidungsbefugnis zur Risikosteuerung, d. h., er legt die Maßnahmen zur Risikosteuerung fest. Er erarbeitet Methoden/Verfahren für das Risikomanagement und soll regelmäßig die Risikoeinschätzung im Unternehmen überprüfen. Die Stelle des Risikomanagers soll künftig so strukturiert sein, dass die Implementierung des Risikomanagementsystems erleichtert wird. Verwendet ein Versicherer das interne Modell, erweitern sich die Aufgaben des Risikomanagers um Entwicklung,

Implementierung, Validierung, Dokumentation und Berichterstattung des internen Modells.[47]

Der **Risikocontroller** trägt die Verantwortung für das operative Risikomanagement. In Abstimmung mit der Unternehmensleitung bestimmt er die operativen Ziele und legt die Schwellenwerte für die Risiken im Unternehmen fest. Der Risiko-Controller kontrolliert die Wirksamkeit der Identifizierung, Analyse und Bewertung von Risiken. Ihm obliegt die Überwachung der getroffenen Maßnahmen zur Risikosteuerung. Er fasst die Ergebnisse des Risikomanagementprozesses zusammen, überprüft sie auf ihre Plausibilität und erstellt einen Risikobericht. Kontrollen werden prozessübergreifend durchgeführt. Die Unabhängigkeit des Risikocontrollings ist zu wahren und wird nur erreicht, wenn das Risikocontrolling keine direkte Ergebnisverantwortung hat.

Auf der Ebene der einzelnen Arbeitsbereiche sind die **Risikoverantwortlichen** für das Risikomanagement verantwortlich. Sie identifizieren, bewerten und überwachen Risiken auf ihrem Tätigkeitsfeld und geben Anregungen zur Risikobewältigung. Erst durch Information und Kommunikation mit den Risikoverantwortlichen werden Risiken sichtbar.

Die **interne Revision** nimmt im Unternehmen und insbesondere im Rahmen des Risikomanagementprozesses eine wichtige Position ein. Sie überprüft, ob die gesetzlichen und unternehmensinternen Vorschriften im Unternehmen eingehalten und getroffene Maßnahmen angemessen ausgeführt wurden. Zudem soll geprüft werden, ob das interne Kontrollsystem angemessen und funktionsfähig ist. Sie führt die prozessunabhängige Überwachung durch und unterstützt den Risikomanager bei der Erarbeitung von Verfahren. Die interne Revision soll objektiv und von den operativen Funktionen unabhängig sein. Für die Resultate der zu überprüfenden Prozesse darf sie nicht verantwortlich gemacht werden. Die Feststellungen der Prüfung und Empfehlungen sollen der Unternehmensleitung vorgelegt werden, die wiederum für die Umsetzung der Empfehlungen verantwortlich ist.

Der **Compliance-Beauftragte** berät und unterstützt die Unternehmensleitung im Hinblick auf die Einhaltung von Gesetzen und übrigen Vorschriften im Unternehmen. Er beurteilt außerdem, welche möglichen Auswirkungen Veränderungen im rechtlichen Umfeld auf den Geschäftsbetrieb haben können. Ferner obliegt ihm die Erfassung und Bewertung der Compliance-Risiken.

---

[47] Vgl. CEIOPS (2007), Proposal for a Directive of the European Parliament and of the Council on the taking-up and pursuit of the business of Insurance and Reinsurance, Art. 43 Abs. 4 f.

Nachdem der allgemeine Risikomanagement-Prozess sowie die Anforderungen an die einzelnen Unternehmensbereiche dargestellt wurden, sollen im Folgenden die besonderen Aspekte angesprochen werden, die im Zusammenhang mit dem Risikomanagement stehen und die durch Solvency II tangiert werden. Es handelt sich hierbei um die „Fit and Proper"-Anforderungen, die Mindestanforderungen an das Risikomanagement (MaRisk) und die Anforderungen an das interne Kontrollsystem.

2.2.5 Neue „Fit and Proper"-Anforderungen

Unter den „Fit and Proper"-Anforderungen wird gemäß § 7a Abs. 1 VAG *„die Zuverlässigkeit und fachliche Eignung von Geschäftsleitern eines Versicherungsunternehmens"* verstanden. Die Ziele und Funktionen der „Fit and Proper"-Anforderungen sollen im Zuge von Solvency II harmonisiert werden. Die IAIS empfiehlt die Einführung sog. „Fit and Proper"-Standards.[48]

2.2.5.1 Fit-Anforderungen

Die Fit-Anforderung *„setzt in ausreichendem Maße theoretische und praktische Kenntnisse in Versicherungsgeschäften sowie Leitungserfahrung voraus"* (§ 7a Abs. 1 VAG). Aufsichtsbehörden können in Bezug auf die Berufserfahrung eine angemessene Mindestanzahl an Jahren fordern. War eine Person drei Jahre bei einem Versicherungsunternehmen leitend tätig, kann von fachlicher Eignung gesprochen werden.

Bisher ist jedoch nicht eindeutig geklärt, nach welchen konkreten Bewertungsmaßstäben die Aufsichtsbehörden die Fit-Anforderungen beurteilen sollen. Der Einsatz von Fachwissen ist zunächst eine Schlüsselkomponente bei der Führung von Versicherungsunternehmen. Idealerweise soll jedes Vorstandsmitglied ausreichende theoretische und praktische Erfahrung im Bereich Versicherungswesen haben. In der Praxis wird dies allerdings auf manchen Geschäftsgebieten, beispielsweise Informationstechnologie oder Vermögensmanagement, selten der Fall sein.

Die erforderlichen Qualifikationen und Erfahrungen sind insbesondere von der Position und der Verantwortung innerhalb des Unternehmens abhängig. Deshalb empfiehlt CEIOPS, dass zur Beurteilung der fachlichen Eignung als Vergleichsfaktor die Qualifikationen und Erfahrungen von Geschäftsleitern in der gleichen Position bei anderen Versicherungsunternehmen herangezogen werden sollen. Ein Mindestmaß an Wissen und Erfahrung im

---

[48] Vgl. IAIS (2007), Common structure paper for assessment of insurer solvency (2007), Tz. 91.

Versicherungsgeschäft ist nicht zuletzt erforderlich, um auch die Handlungen der anderen Geschäftsleiter beobachten und beurteilen zu können.[49]

Bei kleinen Versicherungsunternehmen soll die Fit-Anforderung etwas flexibler ausgestaltet werden. Eine Vorschrift, die Ausnahmen erlaubt, würde den Aufsichtsbehörden die Möglichkeit geben, in gerechtfertigten Fällen Abweichungen von der Regel zu akzeptieren. Außerdem soll bei kleinen und weniger komplexen Versicherungsunternehmen eine Person oder Organisationseinheit auch mehr als eine Funktion ausüben dürfen.[50]

2.2.5.2 Proper-Anforderungen

Unter der Proper-Anforderung wird die *Zuverlässigkeit* und *Ehrenhaftigkeit* von Geschäftsleitern eines Versicherungsunternehmens verstanden. Eine Person ist persönlich geeignet, wenn Einstellung, Verhalten und Handlungen dieser Person in der Vergangenheit und in der Gegenwart keinen Zweifel an der Integrität zulassen.

Die Proper-Anforderung kann mit Hilfe von Indikatoren krimineller, finanzieller, aufsichtsrechtlicher oder sonstiger Natur beurteilt werden. Beispielsweise ist eine Person nicht persönlich geeignet, wenn Hinweise vorliegen, die sich auf eine Verwicklung in kriminelles Verhalten beziehen. Dieselbe Situation ergibt sich, wenn Hinweise auf unangemessenes oder nachlässiges Treffen von Entscheidungen vorliegen.[51] In der Praxis kann die Proper-Anforderung mit Hilfe eines polizeilichen Führungszeugnisses beurteilt werden.

2.2.5.3 Anwendungsbereiche

Die genannten „Fit and Proper"-Anforderungen gelten spätestens mit der Einführung von Solvency II für Personen, die im Versicherungsunternehmen eine Führungsposition innehaben. CEIOPS schlägt vor, eine Liste von Personen zu erstellen, die „Fit and Proper"-Anforderungen erfüllen sollen. Vom Verantwortlichen Aktuar, dem Geldwäsche- und dem Compliance-Beauftragten werden die „Fit and Proper"-Anforderungen verlangt. Für bestimmte Funktionen in den Bereichen Risikomanagement, internes Kon-

---

[49] Vgl. CEIOPS (2005b), Answers to the European Commission on the second wave of Calls for Ad-vice in the framework of the Solvency II project, Tz. 16.15.
[50] Vgl. CEIOPS (2007), Proposal for a Directive of the European Parliament and of the Council on the taking-up and pursuit of the business of Insurance and Reinsurance (2007), S. 8, Kommentar zu Art. 41.
[51] Vgl. CEIOPS (2005b), Answers to the European Commission on the second wave of Calls for Ad-vice in the framework of the Solvency II project, Tz. 16.18.

trollsystem und interne Revision sollen die Anforderungen künftig ebenso gelten.

- ➢ Dabei ist zu beachten, dass ein einziges Ereignis dazu führen kann, dass eine Person die „Fit and Proper"-Anforderungen nicht mehr erfüllt. Vorkommnisse, die einzeln nicht zum Verlust der Eignung führen, können gemeinsam durchaus zum Verlust führen. Bisher kann in einigen Mitgliedstaaten der Widerruf der fachlichen und persönlichen Eignung einer Person durch die Behörde nur aus formalen und vorgeschriebenen Mängeln oder Ereignissen erfolgen.[52]
- ➢ Mitglieder des Aufsichtsgremiums unterliegen nicht so sehr den strengen Kriterien. CEIOPS vertritt die Meinung, dass sie wenigstens die Proper-Anforderung erfüllen sollten.[53] Für den Treuhänder ergeben sich in Deutschland nach § 71 VAG bislang keine „Fit and Proper"-Anforderungen. Eine Änderung dieser Vorschrift wird wohl auch im Rahmen von Solvency II nicht angestrebt.
- ➢ Die Hauptverantwortung bei „Fit and Proper"-Anforderungen liegt im Unternehmen selbst. Trotzdem hat die Aufsichtsbehörde die Anforderungen zu prüfen, bevor sie die Erlaubnis zur Geschäftstätigkeit erteilt. Die Anforderungen sollten auch dann untersucht werden, wenn eine Stelle innerhalb des Versicherungsunternehmens neu vergeben werden soll. Deshalb ist der Versicherer verpflichtet, die Aufsichtsbehörde zu benachrichtigen, wenn eine Funktion neu besetzt wird oder wenn Hinweise bestehen, dass für eine oder mehrere Personen die „Fit and Proper"-Anforderungen nicht mehr erfüllt sein könnten.
- ➢ Die Anforderungen an die fachliche und persönliche Eignung beinhalten auch, inwieweit eine Führungsposition mit sonstigen Aktivitäten vereinbar ist. Entscheidend ist, ob die andere Aktivität zu einem Interessenkonflikt mit dem Versicherungsunternehmen und/oder den Versicherten führen könnte.
- ➢ Um zu vermeiden, dass ein Vorstandsmitglied isoliert arbeitet, d. h. dass ein Einzelner die Entscheidungen dominiert, stehen mehrere Mittel zur Auswahl:
  - o Das Vier-Augen-Prinzip in Form von mindestens zwei Vorständen verhindert die alleinige Entscheidungsmacht eines Einzel-

---

[52] Vgl. CEIOPS (2005b), Answers to the European Commission on the second wave of Calls for Ad-vice in the framework of the Solvency II project, Tz. 16.21.
[53] Vgl. CEIOPS (2005b), Answers to the European Commission on the second wave of Calls for Ad-vice in the framework of the Solvency II project, Tz. 16.16.

nen. Eine Führungsstruktur, die einen Entscheidungsprozess nur mit mehreren Personen erlaubt, reduziert dieses Risiko.

o Strenge interne Kontrollen und eine unabhängige Revision können die Gefahr auch abwenden.

Die „Fit and Proper"-Anforderungen, die im Rahmen von Solvency II von bestimmten Personen im Versicherungsunternehmen erfüllt werden müssen, werden zu keinen gravierenden Veränderungen führen. Jedes Unternehmen sollte aus einem Selbstverständnis heraus die Vorschriften einhalten. Um ein Unternehmen zu leiten und fortzuführen, ist die fachliche und persönliche Eignung von Führungspositionen unerlässlich. Deshalb sollten die genannten Anforderungen schon heute bei allen Versicherern umgesetzt sein.

2.2.6 MaRisk für Versicherungen in Deutschland

2.2.6.1 Aufbau der MaRisk

Am 30. April 2008 hat die BaFin mit der Veröffentlichung des Entwurfs des Rundschreibens „Aufsichtsrechtliche Mindestanforderungen an das Risikomanagement (MaRisk VA)" die Konsultation eröffnet. Mit den sog. MaRisk (VA) der Versicherungsaufsicht (VA) wird die Ausgestaltung der Anforderungen an die ordnungsgemäße Geschäftsorganisation der 9. VAG Novelle konkretisiert, die im Zusammenhang mit Solvency II zu sehen ist. Diese Mindestanforderungen sollen in Deutschland bereits vor der Einführung von Solvency II angewendet werden. Die Rahmenvorgaben der 9. VAG Novelle für die Ausgestaltung des unternehmensinternen Risikomanagements sind bis zum 31. Dezember 2008 umzusetzen. Für die kleineren Versicherer sollten Ausnahmen ermöglicht werden. Die sollen auch für Unternehmen gelten, die von Solvency II evtl. gar nicht betroffen sein werden, beispielsweise Pensionskassen und Pensionsfonds.[54]

Die Vorschriften der MaRisk (VA) sollen sich grundsätzlich an den MaRisk (BA) der Bankenaufsicht (BA) orientieren. Diese Mindestanforderungen an das Risikomanagement wurden als Rundschreiben 18/2005 (BA) von der BaFin am 20. Dezember 2005 herausgegeben. Sie geben keine detaillierten Anweisungen, sondern vielmehr eine grobe Richtlinie vor. Die Anforderungen an das Risikomanagement basieren auf einem qualitativen und prinzipienbasierten Ansatz, auf den sich die Aufsichtsbehörden bei der Prü-

---

[54] Vgl. BaFin (2007b), BaFinJournal 2007, Nr. 6, S.14.

fung von § 25a Abs. 1 KWG beziehen.[55] Abbildung 8 zeigt den prinzipiellen Aufbau der MaRisk (VA).

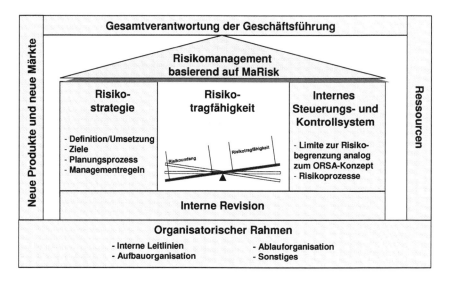

Abbildung 8: Hierarchie der Begriffe in den MaRisk (BA)

---

[55] Vgl. BaFin (2007a), BaFinJournal 2007, Nr. 2, S.12.

3 Identifikation, Bewertung und Aggregation von Risiken

Risikoanalyse ist das Beschaffen und Auswerten von Risikoinformationen. Systematisch sollen Informationen über die Arten und Ausmaße der Risiken gewonnen und bewertet werden, die das Unternehmen bedrohen und negativ auf die Erfüllung der Unternehmensziele einwirken.[56] Dabei lässt sich die Risikoanalyse in die Prozesse der *Risikoidentifikation* und *Risikobewertung* unterteilen.

> ➢ Aufgabe der *Risikoidentifikation* ist die Erfassung sämtlicher Risiken. Die Risikolage des Unternehmens soll qualitativ bestimmt werden, indem sämtliche Einzelrisiken, die das Gesamtrisiko des Unternehmens ergeben, gesucht und erfasst werden. Diese Methode wird als *„Bottom up"*-Verfahren bezeichnet.[57] Das sich aus den Einzelrisiken zusammensetzende Gesamtrisiko ist wegen der vielen Interdependenzen jedoch sehr komplex und schwierig zu handhaben. Daher bietet sich eine weitere Möglichkeit der Risikoerfassung an, die das als gegeben unterstellte Gesamtrisiko strukturiert. Das *„Top down"*-Verfahren zerlegt das Gesamtrisiko in abgrenzbare Einzelrisiken und erfasst anschließend deren Zusammenhänge und Beziehungen.

> ➢ Nach der Risikoidentifikation erfolgt die *Risikobewertung*. Sie soll die Risikolage qualitativ erfassen. Hierfür werden möglichst gute Informationen über die Wahrscheinlichkeitsverteilungen benötigt. Diese sollen sich auf die Einzelrisiken bis zur Zusammenfassung zum Gesamtrisiko beziehen. Mit ihnen soll dann die Risikolage des Unternehmens beschrieben werden.

Im Vergleich mit Unternehmen anderer Branchen ist die Risikoanalyse im Versicherungsunternehmen dadurch gekennzeichnet, dass die Versicherungsunternehmen Risiken Dritter übernehmen und diese indirekt auf das Versicherungsunternehmen einwirken. Das Versicherungsunternehmen übernimmt bestimmte Teile der Wahrscheinlichkeitsverteilung von Ergebnissen – die Schäden der Versicherungsnehmer. Die Schadenverteilung der Versicherungsnehmer spiegelt sich also in der Wahrscheinlichkeitsverteilung des Versicherungsunternehmens wider. Somit muss eine Risikoanalyse im Bereich der Versicherungsnehmer und ihren einzeln versicherten

---

[56] Vgl. Karten, W. (1978), Aspekte des Risk Managements, S. 317 sowie Romeike, F./Müller-Reichart, M. (2008): Risikomanagement in Versicherungsunternehmen – Grundlagen, Methoden, Checklisten und Implementierung, 2. Auflage, S. 60 ff.
[57] Vgl. Wagner, F. (2000), Risk Management im Erstversicherungsunternehmen: Modelle, Strategien, Ziele, Mittel, S. 96.

Risiken ansetzen. Die Risiken Dritter, die das Versicherungsunternehmen als sein Kerngeschäft übernimmt, sind allerdings nur schwer einsehbar, da qualitative und quantitative Informationen fehlen oder diese nur schlecht oder begrenzt verfügbar sind.

Ein weiterer Bereich, bei dem die Risikoanalyse bei Dritten ansetzen muss, ist das Kapitalanlagegeschäft. Hier existieren Risiken durch den Ausfall von planmäßigen Leistungen der Kapitalanlagekunden, beispielsweise laufende Ausschüttungen und Rückzahlungen. Zu berücksichtigen sind außerdem Kumul- und unerwünschte Risikoausgleichseffekte, die sich durch die Zusammenfassung der einzelnen Kapitalanlagen ergeben. Diese entstehen durch gemeinsame Zins- und Währungsabhängigkeiten bzw. aufgrund der Mischung und Streuung der Kapitalanlagen. Zu beachten ist, dass sich, ähnlich wie beim Risikogeschäft, die Gesamtrisikolage des Versicherungsgeschäfts nicht durch einfache Addition der Einzelrisiken ergibt.

Für die Bestimmung der Gesamtrisikolage müssen die Abhängigkeiten der Einzelrisiken beispielsweise mit Hilfe einer Korrelationsmatrix dargestellt werden. Das sehr komplexe Problem wird dann durch computergestützte Simulationen gelöst. Als mögliches Verfahren ist die *Monte-Carlo-Simulation* zu nennen.[58]

3.1 *Risikoidentifikation*

3.1.1 Begriff und Anforderungen an die Risikoidentifikation

Die Risikoidentifikation ist mit der Aufgabe betraut, erkannte und unerkannte, neu entstandene Risiken und die qualitativen Änderungen altbekannter Risiken aufzudecken und zusammenzustellen. Sie soll systematisch Informationen über alle Risiken und Risikoarten sammeln. Wichtig dabei ist, sämtliche Risiken zu erfassen, denn nicht erkannte Risiken entziehen sich der Einflussnahme durch das Risikomanagement. Im Extremfall kann das Übersehen eines Risikos die Existenz des Unternehmens bedrohen oder zumindest die Erfüllung der Unternehmensziele gefährden. Praktisch ist es jedoch nahezu ausgeschlossen, sämtliche Risiken zu erfassen. In der Lite-

---

[58] Vgl. Gleißner, W./Lienhard, H. (2004), Risikomanagement und -steuerung in der Versicherungswirtschaft: Komponenten des Risikomanagements in der Versicherungswirtschaft, S. 46 sowie Gleißner, W./Müller-Reichart, M./Romeike, F.: Das versicherungsbetriebswirtschaftliche Solvenzkapital richtig berechnen (I), in: Versicherungswirtschaft, Heft 21, 1. November 2007, S. 1780-1784 und Gleißner, W./Müller-Reichart, M./Romeike, F. (2007): Das versicherungsbetriebswirtschaftliche Solvenzkapital richtig berechnen (II), in: Versicherungswirtschaft, Heft 22, 15. November 2007, S. 1881-1885.

ratur wird häufig angeführt, dass dafür die Gesamtrisikolage zu komplex ist.[59]

Um die weitere Vorgehensweise im Rahmen des Risikomanagementprozesses zu erleichtern, wird ein systematisches und kontinuierliches Vorgehen nach einheitlichen Richtlinien und Maßstäben vorgeschlagen. Als Hilfsmittel dienen standardisierte Risikoerfassungsbögen. In einem Risikokatalog, der laufend vervollständigt werden soll, werden Risikofelder, Risikogruppen und die einzelnen Risiken erfasst. Weitere Instrumente zur Risikoidentifikation sind beispielsweise die Delphi-Methode[60], die Synektik[61], das Brainwriting, die Baumanalyse, die SWOT-Analyse[62] und die PEST-Analyse[63].

Ein Kriterium für die vollständige Erfassung aller Risiken existiert nicht. Daher ist es empfehlenswert, die Risiken systematisch zu erfassen. Das Gesamtrisiko des Unternehmens muss strukturiert und in abgrenzbare Be-

---

[59] Vgl. Braun, H. (1979), Risikomanagement – Ein spezifische Controllingaufgabe in der Unternehmung, S. 20 sowie Erben, R. F./Romeike, F. (2003): Komplexität als Ursache von Risiken, in: Romeike, F./Finke, R.: Erfolgsfaktor Risikomanagement, Wiesbaden, S. 43-61.

[60] Bei der Delphi-Methode werden in mehreren, aufeinander aufbauenden Runden Expertenbefragungen durchgeführt (in aller Regel werden 2-4 Iterationen mit den Prozessschritten Befragung, Datenanalyse, Feedback, Diskussion und Entscheidung durchgeführt). Die Gruppengröße bei Delphi-Befragungen ist praktisch unbeschränkt, bewegt sich aber üblicherweise bei 50-100 Personen. Die Iteration der Befragung wird so lange wiederholt, bis sich die Teilnehmer auf eine möglichst zufriedenstellende Lösung oder Prognose geeinigt haben oder sich kaum mehr Abweichungen zur vorherigen Runde ergeben. (Quelle: www.risknet.de)

[61] Die Grundfunktion der Synektik ist das Zusammenfügen scheinbar nicht zusammenhängender und irrelevanter Elemente bzw. Tatbestände. Sie überträgt problemfremde Strukturen bzw. kombiniert sachlich unzusammenhängende Wissenselemente. Ziel ist es, durch Reorganisation von unterschiedlichem Wissen neue Muster zu generieren. Aus diesem Vorgang leitet sich auch der Name der Methode ab: "synechein" (griech.) = etwas miteinander in Verbindung bringen; verknüpfen. Durch einen sachlichen Abstand von bekannten Ursache-Wirkungsketten oder Risikokategorien führt die Synektik zu einer neuen Perspektive und zu einem „Blick über den Tellerrand". (Quelle: www.risknet.de)

[62] Die SWOT-Analyse (engl. Akronym für Strengths (Stärken), Weaknesses (Schwächen), Opportunities (Chancen) ist ein Instrument des strategischen Managements. Sie dient zur Untersuchung von Stärken und Schwächen sowie Chancen und Risiken des Unternehmens. Dadurch können bisher nicht genutzte Potenziale für zukünftige Wettbewerbsvorteile erkannt werden.

[63] Im Rahmen der PEST-Analyse wird das Unternehmensumfeld im Hinblick auf die Faktoren Politik (P), Ökonomie (E), Soziologie (S) und Technologie (T) untersucht. Die genannten Faktoren können einen Einfluss auf das Unternehmen haben, sind aber für das Unternehmen weitgehend vorgegeben.

standteile zerlegt werden. Für den Prozess der Risikoidentifikation werden folgende Postulate aufgestellt:[64]

> **Vollständigkeit**
> Alle aktuellen (bestehenden) und alle potenziellen (zukünftigen) Risiken sollen lückenlos aufgedeckt werden.

> **Aktualität**
> Wegen der sich ständig ändernden Rahmenbedingungen im Versicherungsunternehmen entstehen ständig neuartige Risiken und/oder ehemalige Risiken erübrigen sich. Damit muss sich der Prozess der Risikoidentifikation ständig verändern und anpassen. Die Effektivität des Risikomanagements hängt von der schnellen und frühzeitigen Risikoerkennung ab. Außerdem erfordert die Risikobehebung in einem frühen Stadium einen geringeren Aufwand.

> **Prospektivität und Antizipativität**
> Mit den Grundsätzen der Prospektivität und Antizipativität wird gefordert, Risiken zu berücksichtigen, die durch mögliche (mehr oder weniger absehbare) Entwicklungen im Versicherungsunternehmen oder seinem Umfeld entstehen können.

> **Wirtschaftlichkeit**
> Mit einem zunehmenden Grad an Sicherheit nehmen die Präventionskosten überproportional zu und die Schadenkosten ab. Im Schnittpunkt der beiden Kostenkurven liegt das Sicherheitsoptimum. Somit ist eine Einschränkung des Risikomanagements auf bestandsgefährdende Risiken angebracht.

> **Konsistenz**
> Die aufgedeckten Risiken sollen in sich widerspruchsfrei sein und nicht mehrfach vorkommen.

Für die Erfassung der Risiken ist es notwendig zu wissen, nach welchen Risiken gesucht wird.

Um Risiken möglicht vollständig zu erfassen, ist eine systematische, prozessorientierte Vorgehensweise erforderlich. Die Identifikation kann je nach Unternehmen aus unterschiedlichen Perspektiven erfolgen; beispielsweise

---

[64] Vgl. Wolf, K./Runzheimer, B. (2001), Risikomanagement und KonTraG: Konzeption und Implementierung, S. 33 und Wagner, F. (2000), Risk Management im Erstversicherungsunternehmen: Modelle, Strategien, Ziele, Mittel, S. 99.

auf der Ebene der Risikoarten, der Ebene der Prozesse sowie der Geschäftsfelder beziehungsweise Versicherungsarten.[65]

Als besonders geeignet gelten Risikosysteme, die infolge von logischen Deduktionsschlüssen und empirischen Erfahrungen entwickelt wurden. Diese basieren auf einem Suchraster, das das Unternehmen in verschiedene Suchbereiche zergliedert. Durch diese überschaubaren Suchbereiche soll die Risikoerkennung erleichtert werden. Eine Schwierigkeit tritt jedoch bei allen Risikosystemen auf: Werden die Suchbereiche immer kleiner und detaillierter, sind die gebildeten Risikoklassen nicht überschneidungsfrei.

Beispielsweise können Verderbsrisiken bei Lebensmitteln neben natürlichen auch technische Ursachen (etwa Ausfall der Kühlanlage) haben. Somit kann kein Risikosystem die Risiken vollständig und überschneidungsfrei erfassen. Folglich erscheinen sämtliche Risikosysteme für eine eindeutige Einordnung der bereits erkannten Risiken als fragwürdig. Aber auch als Suchmodell für noch nicht erkannte Risiken sind diese Modelle nur bedingt geeignet, da sie keine eng abgrenzbaren Suchbereiche bilden. Deshalb hat sich bisher keines der Modelle als mehrheitlich anerkannte Version herausgebildet.

3.1.2 Modell zur systematischen Risikosuche

Die oben beschriebenen Schwächen der Risikosysteme sollen durch eine systematische Suche der Risiken behoben werden. Der folgende Abschnitt stellt ein Modell vor, das das komplexe Gesamtrisiko nach verschiedenen Kriterien zergliedert und so überschaubare Suchbereiche entstehen.[66] Das Ziel ist nicht, eine Liste aller möglichen Risiken zu erarbeiten, sondern ein Modell aufzuzeigen, auf dessen Grundlage eine möglichst vollständige Risikoerkennung erfolgen kann. Das folgende Modell unterteilt das Gesamtrisiko in *Risikoobjekte, Risikobereiche* und *Risikoursachen* (Top-Down-Verfahren). Die Unterteilung ist in Abbildung 9 dargestellt.

---

[65] Vgl. Romeike, F./Müller-Reichart, M. (2008): Risikomanagement in Versicherungsunternehmen – Grundlagen, Methoden, Checklisten und Implementierung, 2. Auflage, S. 75 ff.

[66] Vgl. Wagner, F. (2000), Risk Management im Erstversicherungsunternehmen: Modelle, Strategien, Ziele, Mittel, S. 105-190.

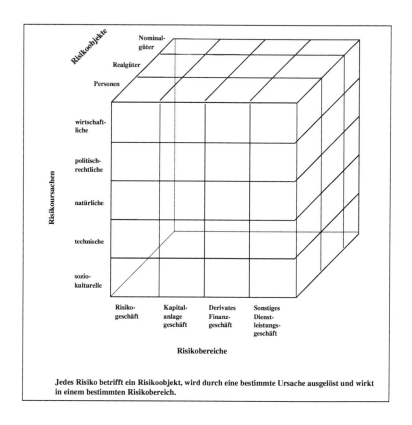

Abbildung 9: Ein Suchmodell für Risiken

Zunächst werden die Objekte bestimmt, auf die das Risiko einwirken kann. Personen, Nominal- und Realgüter werden zu Risikoobjekten zusammengefasst. Danach werden die möglichen Risikoursachen unterteilt und abschließend die verschiedenen Bereiche, in denen das Risiko wirken kann, bestimmt. Zu ihnen gehören das Risikogeschäft, das Kapitalanlagegeschäft, das derivative Finanzgeschäft und das sonstige Dienstleistungsgeschäft. Die Risikoursachen haben einen wirtschaftlichen, politisch-rechtlichen, natürlichen, technischen oder soziokulturellen Ursprung. Durch Kombination der verschiedenen Ansätze und deren weitere Verfeinerung werden Suchbereiche für mögliche Risiken geschaffen. Die einzelnen Kriterien sollen im Folgenden kurz erläutert werden. Dabei ist darauf hinzuweisen, dass die Unterteilung von den einzelnen Unternehmen abzuleiten und damit nicht allgemeingültig ist. Sie wird hier nur beispielhaft angegeben.

Die Achsen des Modells liefern die Bereiche, in denen die Risiken zu suchen sind und können beliebig verfeinert werden. Durch beliebige Kombination der Risikobestandteile, Risikoobjekte, Risikobereiche und Risikoursachen, entstehen *Risikoeinheiten*. Das zuvor beschriebene Problem der Überschneidung von Risiken lässt sich aber auch in diesem Modell nicht lösen. Es entsteht, wenn mehrere Risikoursachen und/oder mehrere Risikoobjekte und/oder Risikobereiche nicht völlig unabhängig voneinander sind. Dies führt zu weiteren Problemen bei der Bestimmung des Gesamtrisikos (Aggregation). Hängen mehrere Risikoeinheiten zusammen, können diese zu *Risikoaggregaten* zusammengefasst werden. Diese müssen dann auf Risikozusammenhänge untersucht werden.

3.1.2.1 Risikoobjekte

Die Wirkung von Risiken bezieht sich immer auf ein bestimmtes Risikoobjekt. Dies können Personen, Nominal- oder Realgüter sein.

3.1.2.1.1 Personen

Zu den natürlichen Personen im In- und Umsystem des Versicherungsunternehmens gehören

1. die Arbeitnehmer,

2. rechtlich selbstständige und wirtschaftlich an das Unternehmen gebundene Versicherungsvertreter,

3. rechtlich und wirtschaftlich selbstständige Versicherungsvermittler und bestimmte sonstige Dienstleister (etwa selbstständige Schadengutachter, Schadenregulierer).

Weiter zählen zum Umsystem des Versicherungsunternehmens die versicherten Personen. Das gilt für Versicherungsunternehmen, die ihr Risikogeschäft in den Bereichen Lebens-, Kranken-, Unfall-, Renten-, Berufs- und Erwerbsunfähigkeits- und/oder Pflegeversicherungen anbieten. Zu den Gefahrenobjekten gehören weiterhin Dritte, wenn die personenbezogenen Risiken gegenüber Dritten von den Versicherungsnehmern versichert sind (Haftpflichtversicherung).

Die Realschadenpotenziale beziehen sich für Personen des Insystems auf den Arbeitsausfall. Ursachen dafür können beispielsweise Tod, Krankheit und Verletzung, Erwerbs- und Berufsunfähigkeit, Schwangerschaft und Entbindung, vorzeitiger Renteneintritt, Kündigung oder Arbeitsverweigerung sein. Die Gefahren durch Personen des Umsystems sind für das Versicherungsunternehmen von dem jeweiligen Versicherungszweig abhängig. Für die Risiko-Lebensversicherung stellt der vorzeitige Tod, für eine Rentenversicherung ein überlanges Leben, eine Gefahr dar. Für die anderen Versicherungszweige sind es Krankheiten, Unfälle und Heilbehandlungen, Berufs- und Erwerbsunfähigkeit und Pflegebedürftigkeit.

3.1.2.1.2 Nominalgüter

Nominalgüter sind im engeren Sinne Bargeld und Bargeldsurrogate (z. B. Schecks, Wechsel), Sicht-, Termin- und nominell definierte Kapitalanlagen. Im weiteren Sinne sind auch nominell gemessene Werte von Realgütern dazugehörig.

Nominalgüter können auf folgende Weise von Risiken betroffen sein:
- Verlust von Bargeld oder Bargeldsurrogaten,
- Schwankungen der Marktwerte der Nominalanlagen,
- Ausfall von Forderungen.

Mit diesen Risiken sind außerdem mögliche zusätzliche Kosten oder entgangene Leistungen verbunden.

3.1.2.1.3 Realgüter

Realgüter lassen sich nach materiellen und immateriellen Realgütern unterscheiden. Im Versicherungsunternehmen lassen sich für materielle Realgüter folgende Hauptgruppen finden:

1. Immobilien (Grundstücke, Gebäude),
2. Informationsverarbeitungsanlagen (Großrechner, PCs, Hardware),
3. Hilfs- und Betriebsstoffe,
4. Fuhrpark,
5. Datenträger,
6. sonstige Einrichtungsgegenstände.

Die Realschadenpotenziale beziehen sich auf die Bereiche Einbruch, Diebstahl, Brand, Glasbruch, Hagelschäden, Leitungswasserschäden, Sturmschäden, technische Schäden oder Transportschäden. Verbunden sind damit die Gefahren des Verlusts, der Zerstörung oder Beschädigung. Dahinter stehen die Gefahren von Zusatzkosten in Form von Abschreibungen und Reparatur- und Ersatzbeschaffungskosten und entgehenden Leistungen im Zusammenhang mit Nutzungsausfällen. Aber auch Gefahren aus Haftungsgründen gegenüber den Realgütern Dritter gehören dazu (Haftpflichtversicherung).

Zu den immateriellen Realgütern gehören:
1. Informationen und Informationsprogramme (Daten und Software),
2. unternehmensspezifisches Know-how,
3. Versorgungen und Versorgungsrechte,
4. Schutzrechte (Firmen-, Produktnamen),
5. Marktpräsenz und -position,
6. (positives) Unternehmensimage,
7. Nutzungspotenziale (z. B. Arbeitsleistung, Werkleistung, Kapital- und Rückversicherungsnutzung).

Realschadenpotenziale bestehen in möglichen Nutzungsausfällen, Zerstörung, Verlusten und Schutzrechtsverletzungen. Damit gehen die Gefahren entgehender Leistung und zusätzlicher Kosten einher.

3.1.2.2 Risikoursachen

Der Auslöser für ein bestimmtes Risiko wird als Risikoursache bezeichnet. Diese können aus einem wirtschaftlichen, politisch-rechtlichen, natürlichen, technischen oder soziokulturellen Umfeld stammen.

3.1.2.2.1 Wirtschaftliche Risikoursachen

Die Bedingungen und Veränderungen auf dem globalen Gesamtmarkt und den Teilmärkten, auf denen das Versicherungsunternehmen und seine Geschäftspartner agieren, sind Grundlage der wirtschaftlichen Risikoursachen. Allgemeine Konjunkturentwicklungen auf den nationalen Märkten sowie gesamtwirtschaftliche Entwicklungen (Güter-, Geld- und Kapitalpreise) führen zu Angebots- und Nachfragerisiken und somit zu Preisrisiken, zu Zinsrisiken und zu Währungsrisiken. Diese stehen wiederum in Zusammenhang mit den Nominalgüterrisiken. Aber auch Bonitätsrisiken der Geschäftspartner (z. B. Forderungsausfall auf Seiten des Rückversicherers), Insolvenzrisiken und Kündigungsrisiken (im Risikogeschäft: Stornorisiken) können die Folge von allgemeinen Konjunkturentwicklungen sein. Darüber hinaus gehören auch im Unternehmen angesiedelte Risikoursachen dazu, etwa Fehler des Managements bei der Wahl der Ziele, Mittel, Prozesse oder Strukturen.

3.1.2.2.2 Politisch-rechtliche Risikoursachen

Die wesentlichen Risikoursachen liegen hier im Recht und dessen Veränderung. Dies schlägt sich nieder auf das Unternehmen selbst und die versicherten Risiken, die davon betroffen sind. Für Rechtsschutzversicherungen zählen so etwa sämtliche Änderungen im Zivil-, Straf- und Verwaltungsrecht, für Haftpflichtversicherungen Änderungen des Haftpflichtrechts dazu. Durch mögliche Änderungen der Rechtsgrundlagen, die die Ausgestaltung des Versicherungsunternehmens, sein Handeln oder die Beziehungen zu Dritten regeln, ist das Versicherungsunternehmen selbst von den rechtlichen Ursachen betroffen. Beispielhaft können das Wettbewerbsrecht, das Steuerrecht (Unternehmensfinanzierung), das Wertpapierrecht (Kapitalanlagegeschäft), und das Arbeits- und Sozialversicherungsrecht (Personalwesen) genannt werden. Ein aktuelles Beispiel ist die Änderung des Versicherungsaufsichtsrechts.

Zu den politisch-rechtlichen Risikoursachen gehören auch die Risikoursachen, die sich aus dem Geschäftsverkehr mit dem Ausland ergeben. Dabei wird zwischen binnenstaatlichen und zwischenstaatlichen Länderrisiken unterschieden. Erstere umfassen *Risiken der Rechtslage* der jeweiligen Länder. Dies gilt sowohl für die versicherten Risiken, als auch für Risiken, die das Versicherungsunternehmen unmittelbar betreffen. Den binnenstaatlichen Risiken lassen sich ferner die *Dispositionsrisiken* (Risiken durch staatliche Zwangseingriffe) bzw. die *Nationalisierungsrisiken* (Verbot von ausländischen Versicherungen) zuordnen. Zu den zwischenstaatlichen Risiken zählen etwa Risiken aus *Handelsbeschränkungen, Transferhemmnissen, Währungsrisiken* und *Kriegsrisiken*.

3.1.2.2.3 Natürliche Risikoursachen

Natürliche Risikoursachen entstehen ohne das Zutun menschlichen Handelns. Dabei können die Ursachen in die vier Bereiche Wasser, Erde, Luft und Feuer unterteilt werden:

- *Wasser*: Überschwemmungen durch Hochwässer oder Sturmfluten bzw. grundwasserbedingte Überschwemmungen,
- *Erde*: Erdbeben, Erdrutsche, Stein- und Schneelawinen, Erdeinstürze, Vulkanausbrüche,
- *Luft*: Sturm, Hitze, Kälte, Dürre, Schwüle, Blitzschlag,
- *Feuer*: bei natürlichen Entstehungsgründen wie Blitzschlag, Hitze oder Dürre.

Nicht zu den natürlichen Risikoursachen gehören Luft- und Wasserverschmutzung sowie Grund- und Bodenverschmutzung. Sie gehören zu den technischen Risikoursachen. Im Falle von großem Schadenausmaß wird bei den natürlichen Risikoursachen auch von „Naturkatastrophen" gesprochen.

Primär sind die Versicherungen von den natürlichen Risikoursachen durch ihr Risikogeschäft betroffen (Sturm-, Hagel-, Feuerversicherung). Aber auch die Unternehmen selbst sind unmittelbar diesen Gefahren ausgesetzt.

3.1.2.2.4 Technische Risikoursachen

Technische Risikoursachen liegen in technischen Systemen und resultieren aus ihrem Umgang. Dazu zählen Herstellung und Montage, Reparatur, Kontrolle, Wartung, Bedienung, Demontage und Entsorgung. Die Gliederung der technischen Systeme ist schwierig, kann aber wie folgt aussehen:

➢ Private und privat eingesetzte Geräte (beispielsweise Garten-, Haushalts-, Sportgeräte),

➢ Gewerblich genutzte Geräte (beispielsweise Sachgüterproduktionsgeräte, Messgeräte),

➢ Für öffentliche Zwecke eingesetzte Geräte (beispielsweise verkehrstechnische Anlagen),

➢ Geräte im Bereich der öffentlichen Infrastruktur (Gas-, Wasser-, Elektrizitätsnetz).

Die Erscheinungsformen der Gefahren sind beispielsweise Feuergefahren, Explosionsgefahren, Schadstofffreisetzung, Unfallgefahren und Arbeitsunfälle. Betroffen hiervon sind in erster Linie Versicherungen mit den Bereichen Maschinenversicherung, Montageversicherung, Feuerversicherung usw. Die Unternehmen selbst sind nur bedingt betroffen. So können etwa Stromausfälle, Kurzschlüsse oder Überspannungen zu Schäden an technischen Einrichtungen, wie Datenverarbeitungsanlagen führen.

3.1.2.2.5 Soziokulturelle Risikoursachen

Die sozialen Risikoursachen liegen in den Verhaltensweisen der Menschen. Das Verhalten lässt sich dabei in verschiedene Bereiche abgrenzen. So bestimmen etwa das Erwerbsverhalten, das Freizeitverhalten, das Wohnverhalten, das Konsumverhalten, das Risikoverhalten, das Anspruchsverhalten und das Kriminalitätsverhalten die Risikoursachen. Beispielhaft seien gefährliche Hobbys wie das Motorradfahren herausgegriffen. Sie können personenbezogene Versicherungen (Lebens-, Kranken-, Unfall-, Berufs- und Erwerbsunfähigkeits- und/oder Pflegeversicherung), Realgüterversicherungen (Kfz-Versicherung) sowie Nominalgüterversicherungen (Kraftverkehrshaftpflicht-, Rechtschutzversicherung) auslösen. Aber auch hier sind die Unternehmen unmittelbar betroffen. Als ein Beispiel ist die Betriebskriminalität (Betrug, Manipulation, Spionage) hervorzuheben.

Die sozialen Risikoursachen lassen sich von den kulturellen Risikoursachen nicht klar trennen. Sie sind bestimmt durch den Umgang mit der Natur, durch Werte- und Normvorstellungen und soziale Beziehungen.

3.1.2.3 Risikobereiche

Die Bereiche, in denen die verschiedenen Risiken im Versicherungsunternehmen ihre Wirkung zeigen, werden als Risikobereiche bezeichnet. Dazu kann das Unternehmen nach verschiedenen Kriterien zergliedert werden. Hier soll das Unternehmen nach den Geschäftsfeldern unterteilt werden.

3.1.2.3.1   Risikogeschäft

Im Risikogeschäft, der Bereitstellung von Versicherungsschutz, dominiert das versicherungstechnische Risiko. Dieses besteht in einem negativen Abweichen der Effektivwerte der versicherten Risiken von den Erwartungswerten, d. h. die Risikoprämien reichen nicht zur Deckung der Schadenkosten aus. Die Ursachen lassen sich im Zufallsrisiko, Änderungsrisiko, Irrtumsrisiko und Risiko der asymmetrischen Informationsverteilung finden. Gelegentlich wird auch das Rückstellungsrisiko, die Gefahr einer unzureichenden Dotierung der Schadenrückstellung, genannt.

Das Risikogeschäft, einschließlich dem Spar-/Entspargeschäft, ist ein Abwicklungsgeschäft. Hier entstehen Leistungs- und Kostenrisiken. Als Leistungsrisiken sind Qualitäts- und Quantitätsrisiken zu nennen, beispielsweise die Qualität der Schadenbearbeitung. Hieraus folgen wiederum Absatz-, Storno- und Kündigungsrisiken. Das quantitative Risiko liegt im Ausfall oder der Störung des Betriebs.

3.1.2.3.2   Kapitalanlagegeschäft

Die renditebringende Verwendung von Geld am Kapitalmarkt wird als Kapitalanlagegeschäft bezeichnet. Das verwendete Kapital stammt zum Teil aus den vorausbezahlten Versicherungsprämien, die zwischenzeitlich für Anlagezwecke zur Verfügung stehen, aus Sparprämien (etwa Kapitallebensversicherung) und aus Eigenkapital des Versicherungsunternehmens. Die Risiken des Kapitalanlagegeschäfts sollen in der folgenden Risikogliederung genauer erläutert werden.

3.1.2.3.3   Derivates Finanzgeschäft

Derivate Finanzprodukte (Derivate) sind Produkte, deren Marktwert sich von klassischen Basispositionen (beispielsweise Aktien, Anleihen oder Gold) ableitet. Zu ihnen gehören handelbare Finanzprodukte wie Futures, Options, Zertifikate sowie nicht standardisierte Finanzprodukte wie Forwards (Termingeschäfte) oder Swaps (Tauschgeschäfte).

Allgemein verbrieft ein Derivat ein Recht, zum Beispiel das Recht auf einen bestimmten Verkaufspreis einer Ware. Derivate Finanzgeschäfte können dem Kapitalanlagegeschäft zugerechnet werden. Sie lassen sich in *Termin-, Tausch-* und *Leihgeschäfte* unterteilen.

> ➢ Termingeschäfte zeichnen sich durch eine zeitliche Trennung von Vertragsabschluss und Vertragserfüllung aus. Zu ihnen gehören *Forwards, Futures* und *Options.* Vereinbaren zwei Vertragspartner eine Lieferung und Abnahme zu einem festgelegten späteren Zeitpunkt, zu einer festgelegten Menge, in einer festgelegten Qualität und einem festgelegten Preis, wird von Forwards gesprochen. Futures sind ebenfalls Termingeschäfte, deren Merkmale durch eine Börse standardisiert sind. Unter Options ist das Wahlrecht, ein Produkt in der Zukunft zu einem vereinbarten Preis zu kaufen, zu verstehen.

> ➢ Bei derivaten Tauschgeschäften, so genannten *Swaps,* vereinbaren zwei Vertragspartner den Tausch von Zahlungsströmen. Sie beziehen sich vor allem auf Zins- und Devisenpositionen. Das Motiv der Zinsswaps bezieht sich meist auf die Absicherung gegen das Zinsänderungsrisiko.

> ➢ Leihgeschäfte beziehen sich auf Wertpapiere. Der „Verleiher" leiht dem „Entleiher" ausgewählte Wertpapiere, mit denen der Entleiher bis zum Zeitpunkt der vereinbarten Fälligkeit beliebig verfahren kann. Der Entleiher erhält dafür eine feste Provision sowie die laufende Vergütung (Zinsen, Dividenden) während des Ausleihzeitraumes.

3.1.2.3.4 Sonstiges Dienstleistungsgeschäft

Unter dem sonstigen Dienstleistungsgeschäft sind Beratungs- und Vermittlungsgeschäfte für Produkte, die nicht selbst angeboten werden (Geschäfte über Management- und Betriebsführungsdienstleistungen, Geschäfte über Datenverarbeitungsdienstleistungen an Dritte sowie Risk-Management-Dienstleistungen für Dritte), zu verstehen. Dieses birgt teilweise sehr spezifische Risiken, die sehr differenziert untersucht werden müssen. Auf genauere Ausführungen wird an dieser Stelle verzichtet.

3.1.2.4 Beispiel einer Risikogliederung

In der Praxis finden Risikokataloge eher Anwendung als die systematische Suche nach Risiken. Trotz der Kritik, dass Risikokatalogen ein Vollständigkeitskriterium fehlt und auch wenn im vorangegangenen Kapitel ein Modell für die systematische Suche vorgestellt wurde, soll nun ein Beispiel für mögliche Risikogliederung gegeben werden, um so einen Überblick über die wesentlichen Risiken zu schaffen.

Das Gesamtrisiko des Versicherungsunternehmens wird in verschiedene Bereiche und Einzelrisiken untergliedert. Einen Überblick über die Untergliederung gibt Abbildung 10.

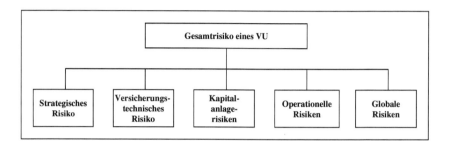

Abbildung 10: Gesamtrisiko eines Versicherungsunternehmens

Zu den relevanten Risikobereichen eines Versicherungsunternehmens gehören:

- ➢ Strategische Risiken
  Entstehen bei der strategischen Ausrichtung des Versicherungsunternehmens.

- ➢ Versicherungstechnische Risiken
  Versicherungstechnische Risiken sind Risiken, die in unmittelbarem Zusammenhang mit der Bereitstellung des Versicherungsschutzes stehen.

- ➢ Kapitalanlagerisiken
  Kapitalanlagerisiken sind die Risiken, die in den Bereich der Kapitalanlagen und Finanzgeschäfte fallen.

- ➢ Operationelle Risiken
  Diese Risiken betreffen die Qualität und Effizienz der Organisation, der funktionalen Abläufe, des Personals, der Technik und der Kontrolle.

- ➢ Globale Risiken
  Risiken, die aus Änderungen der wirtschaftlichen, rechtlichen oder politischen Rahmenbedingungen entstehen.

3.1.3 Instrumente der Risikoidentifikation

Nachdem im obigen Modell beschrieben wurde, wie Risikoinformationen gewonnen werden können, sollen hier einige Instrumente aus der Praxis vorgestellt werden.

3.1.3.1 Besichtigungsanalyse

Besichtigungsanalysen stellen eine Inspektion der Realität dar. Dabei handelt es sich um eine persönliche Inaugenscheinnahme von materiellen Realgütern (beispielsweise Maschinen, Werkzeuge, Werkstoffe), Kombinationen davon (etwa Arbeitsplätze) sowie visuell wahrnehmbare Unternehmensfunktionen (etwa Transport und Lagerung), Unternehmensprozesse und Unternehmenszustände. Ebenfalls wird menschliches Verhalten hinsichtlich von Unfallpotenzialen untersucht. Die Besichtigungsanalysen lassen sich weiter einteilen nach:

- Allgemeine Inspektionen
  Diese sind grundsätzlich auf die visuelle Erfassung der Einrichtungen und Abläufe der Gesamtunternehmung orientiert. Dabei liegt ihr Primärzweck in der Aufdeckung von Risiken oder Risikoquellen.

- Spezialinspektionen
  Diese dienen der Erkennung von einzelnen Risiken. Hiefür werden Schwerpunkte bei der Besichtigung gesetzt, um einerseits Betriebsblindheitseffekte möglichst zu vermeiden und andererseits Spezialisierungseffekte zu fördern.

  Als mögliche Schwerpunkte gelten Brand- und Explosionsgefahr, gefährliche Stoffe, Lagerung, innerbetriebliche Verkehrswege, Transportarbeiten und -einrichtungen, Arbeits- und Werkzeugmaschinen, Antriebe, Handwerkzeuge, Behälter, Rohrleitungen, technische Instandhaltung, Ordnung und Sauberkeit, Verhaltensweisen der Mitarbeiter und sonstiger Personen, die mit Einrichtungen der Unternehmung in Berührung kommen, Schutzausrüstung und Erste-Hilfe-Einrichtungen.

- Ergänzungsinspektionen
  Hierbei handelt es sich um Inspektionen, deren Anlass durch eine andere Risikoerkennungsmethode bestimmt wird. Durch die Aufdeckung eines Risikos oder die Erweckung eines bloßen Verdachts durch eine andere Methode kann es zweckmäßig sein, eine Einrichtung oder einen Prozess an Ort und Stelle zu besichtigen, um die Erkenntnis zu bestätigen oder zu vervollkommen.

3.1.3.2 Dokumentenanalyse

Dokumentenanalysen sind Auswertungen von Unternehmensunterlagen, mit denen risikorelevante Informationen gewonnen werden sollen. Die Erfassung und Auswertung beziehen sich schwerpunktmäßig auf:

- ➢ Dokumente der Buchhaltung und Rechnungslegung, insbesondere auch der Jahresabschlussbericht und der Lagebericht, können Informationen über Erfolgsrisiken, vor allem in Bezug auf den versicherungstechnischen Erfolg nach Handels- und Steuerrecht, liefern.

- ➢ Dokumente von Unterlagen über Geldflussrechnungen können Informationen über das Zahlungsunfähigkeitsrisiko liefern.

- ➢ Dokumente der Kosten- und Leistungsrechnung liefern Risikoinformationen über den versicherungstechnischen Erfolg.

- ➢ Zu den sonstigen Unterlagen gehören beispielsweise Aufzeichnungen aus Kontakten mit Behörden, Schadenaufzeichnungen, Unterlagen zu Investitionsprojekten, Verträge, Aufzeichnungen über Werbeaktivitäten, sonstige betriebsspezifische Aufzeichnungen oder Verträge. Vertragsunterlagen liefern etwa Informationen über Vertragsrisiken.

Die Dokumentenanalyse umgeht die Mängel menschlicher Informationsspeicher und die Gefahr durch Kommunikationsschwierigkeiten. Auch wird das betriebliche Geschehen durch die Auswertung der Dokumente nur gering beeinflusst. Allerdings wurden die meisten Dokumente nicht für den Auswertungszweck gestaltet.

3.1.3.3 Mitarbeiterbefragung

Im Zuge von Besichtigungs-, Dokumenten-, Organisations- und Checklistenanalysen müssen Befragungen bestimmter Bezugspersonen stattfinden. Damit können sehr schnell für die Risikoerkennung benötigte Informationen gewonnen werden. Die Befragungen werden in mündliche (Interviews) und schriftliche Befragungen unterschieden. Dabei ist festzulegen, ob die Befragung allein oder in Ergänzung mit anderen Methoden und bezüglich eines Risikokollektivs umfassend oder abschnittsweise durchgeführt werden soll.

Die Art und Reihenfolge der Fragestellungen können die Qualität des Befragungsergebnisses maßgeblich beeinflussen. Ebenfalls spielt die Motivation der Befragten zur Auskunftserteilung eine wesentliche Rolle. Folgende Anwendungsbeispiele verdeutlichen die Vorgehensweise bei der Mitarbeiterbefragung:

- Versicherungsvermittler können Risikoinformationen über Versicherungskunden liefern, die sie durch Besuche erworben haben (Besichtigungsanalysen) und die nicht in den Vertragsunterlagen enthalten sind.
- Juristen im eigenen Haus können Risikoinformationen über bestehende Verträge liefern. Der Befragung geht eine Dokumentenanalyse durch die Juristen voraus.
- Mitarbeiter des Rechnungswesens können auf Basis von Informationen aus Rechnungslegung und/oder Kosten- und Leistungsrechnung hinsichtlich der versicherungstechnischen Erfolgsentwicklungen befragt werden.

3.1.3.4 Organisationsanalyse

Die Erfassung und Auswertung der unternehmerischen Aufbau- und Ablauforganisation wird als Organisationsanalyse bezeichnet. Der Ist-Zustand der Organisation wird unter dem Einsatz mündlicher und schriftlicher Befragung sowie direkter Beobachtung von Arbeitsabläufen erfasst. Weiter werden Unterlagen, die die Unternehmensorganisation abbilden, verwendet. Dazu gehören Organigramme, Vertretungspläne, Gremienverzeichnisse, Stellenbeschreibungen und Flussdiagramme.

Organisationsanalysen sind oft mit erheblichem Aufwand verbunden. Sie sollen Informationen liefern über:

- weiterführende Informationsquellen,
- Koordinationsdefizite,
- Folgen von Personalausfällen,
- Vertraulichkeitsrisiken,
- EDV-bedingte Risiken.

Die Analyse von Arbeitsabläufen soll mögliche Störungsursachen und Störungsfolgen (Schwachstellenanalyse) aufdecken. Das Hauptaugenmerk liegt dabei auf den Interdependenzen zwischen den einzelnen Schritten von Abläufen. Zu berücksichtigen sind beispielsweise Arbeitsinhalt, -raum und -zuordnung bei den Arbeitsfaktoren.

3.1.3.5 Schadenanalyse

Schadenanalysen sind die Auswertung tatsächlich eingetretener Realschäden. Sie sollen Aufschlüsse über die Risiken und dahinter stehenden Gefahren für mögliche, spätere, gleichartige Vorfälle liefern. Die Analysen richten sich auf Ursache-/Wirkungszusammenhänge und analysieren die

Schadenhöhen und -häufigkeiten. Vor Ort analysiert werden vorwiegend nur Großschäden oder wenn es Hinweise auf Versicherungsbetrug gibt (Besichtigungsanalyse). Ansonsten beschränken sich die Analysen auf die Auswertung von Schadenakten und -statistiken.

3.1.3.6 Checklistenanalyse

Checklisten sind Zusammenstellungen von Risikoobjekten, Risikoursachen und/oder Risikobereichen und dienen primär als Gedächtnisstütze. Dabei liegt ihre Bedeutung nicht in ihrer Gliederungslogik, sondern in ihrem Konkretisierungs- und Vollständigkeitsgrad. Kritisch ist anzumerken, dass den Checklisten ein Vollständigkeitskriterium fehlt. Denn nur bisher erkannte und als relevant eingestufte Risiken können in die Checklisten eingehen. Auch stellen Checklistenanalysen keine eigenständige Informationsmethode dar, denn die notwendigen Risikoinformationen werden durch Besichtigungsanalysen, Befragungen, Dokumentenanalysen und sonstige Analysen erhalten.

3.1.3.7 Szenariotechnik

Ein Szenario ist eine *„hypothetische Aufeinanderfolge von Ereignissen, die zur Beachtung kausaler Zusammenhänge konstruiert wird".* Das Vorgehen der Ablaufanalyse kann grob skizziert werden: Einer Abgrenzung des Untersuchungsgegenstandes folgt eine Analyse der Ist-Situation. Danach erfolgt die Beschaffung ausreichender Informationen über die wesentlichen Einflussfaktoren des Untersuchungsgegenstandes, die Einfluss auf die zukünftige Entwicklung haben. Diese Einflussfaktoren werden zueinander in Beziehung gesetzt und auf mögliche Interdependenzen untersucht. Nun werden mehrere mögliche Szenarien ausgearbeitet. Eines soll möglichst negative, ein anderes möglichst positive Entwicklungsmöglichkeiten berücksichtigen. Ein drittes geht von einer wahrscheinlichen Entwicklung aus. Im Anschluss werden Störgrößen eingeführt, die außerhalb der erwarteten Entwicklung liegen und hierfür entsprechende Gegenmaßnahmen ausgearbeitet. Abschließend wird aus dem gewonnenen Wissen eine Strategie für die wahrscheinlichste der Entwicklungen erarbeitet. Der Erfolg der Strategie ist dabei stark von der Qualität der verwendeten Daten abhängig. Außerdem ist die Szenarioanalyse ein sehr langwieriges Verfahren, das einen hohen personellen und finanziellen Aufwand erfordert.

In diesem Kontext sind auch stochastische Simulationsmodelle als Szenariotechnik zu verstehen, da hier mit einer großen Anzahl von Zufallszahlen (Monte-Carlo-Simulation) eine Vielzahl von Modellrealisationen (Pfaden) simuliert werden kann. Diese Zukunftspfade können auch als Szenarien betrachtet werden.

3.1.4 Grenzen und Möglichkeiten der Risikoidentifikation

Das systematische Vorgehen bei der Risikosuche erhöht die Wahrscheinlichkeit, sämtliche Risiken zu erfassen und eine vollständige Risikoerkennung zu erreichen. Jedoch kann keine der vorgestellten Methoden der Risikoerkennung für eine vollständige Erfassung aller Risiken bürgen. Ebenfalls wurde bisher auch kein Verfahren gefunden, das einen Nachweis über die vollständige Erfassung sämtlicher Risiken liefert. Eine sinnvolle Möglichkeit, die Chance auf eine vollständige Erfassung zu erhöhen, besteht darin, parallel verschiedene Verfahren der Risikoerkennung zu verwenden. Außerdem sollte sämtlichen Risiken, auch nur bei einem Verdacht, nachgegangen und die persönliche Einschätzung der Wichtigkeit der Risiken vorerst unterlassen werden.

3.2 Risikobewertung

3.2.1 Aufgaben und Anforderungen der Risikobewertung

Ziel der Risikobewertung ist es, die in der Phase der Risikoidentifikation erfassten Risiken transparent zu machen und ihr Gefährdungspotenzial zu quantifizieren. Dies geschieht grob durch das Zuweisen von Wahrscheinlichkeitsverteilungen zu den einzelnen Risiken. In Betracht gezogen werden nur Risiken, die bei der Risikoidentifikation erfasst wurden. Unerkannte Risiken bleiben unberücksichtigt.

An die Risikobewertung wird die Anforderung gestellt, die Gesamtheit aller erkannten Risiken zu bewerten. Neben der Bewertung der Einzelrisiken soll auch das Gesamtrisiko des Versicherungsunternehmens berücksichtigt werden. Die Grundsätze der *Kontinuität* und der *Aktualität* postulieren, die Risikobewertung ständig vorzunehmen. Das bedeutet in der Praxis, sie in nicht allzu großen Zeitabständen zu wiederholen. Für die Betrachtung eignen sich Einjahresabschnitte (ein Rechnungsjahr), denn die verwendeten Größen des Jahresabschlusses basieren in der Regel ebenfalls auf der Dauer eines Rechnungsjahres.

3.2.2 Die Methodik

Es empfiehlt sich die Risikobewertung in zwei Stufen durchzuführen – zuerst *qualitativ*, anschließend für die wichtigen Risiken *quantitativ*.[67]

---

[67] Vgl. Gleißner, W./Lienhard, H. (2004), Risikomanagement und -steuerung in der Versicherungswirtschaft: Komponenten des Risikomanagements in der Versicherungswirtschaft, S. 33-35.

3.2.2.1 Qualitative Risikobewertung

Im ersten Schritt der Risikobewertung sollen die Risiken nach ihrer Relevanz eingestuft werden (vgl. Abbildung 11). Dies ist zweckmäßig, da die Relevanz im Sinne eines Risikomaßes als Abbruchkriterium für die vertiefende Analyse gilt.

Strategische Risiken	Unsichere Planannahmen	Sonstige Risikofelder
Erfolgspotentiale und deren Bedrohungen	Controlling, Planung, Budgetierung	(z.B. Katastrophenrisiko) Identifikation mittels Workshops

1. Risikoschwerpunkte in den Risikofeldern ermitteln (Basis: Kurzinterviews, Jahresabschluss, vorhandene Risikomanagement-Unterlagen beispielsweise Projektbericht)

1. Filter: Schwerpunktsetzung

2. Fokussierte Risikoidentifikation (mit Relevanzbewertung)
   - Expertenschätzung

2. Filter: Grobeinschätzung Relevanz

3. Detailanalyse der wichtigsten Risiken (Quantifizierung)
   - Ermittlung von Szenarien und Verteilungsfunktionen
   - detaillierte Begründungen und Ursache-Wirkungs-Beziehungen

Risikoinventar

Abbildung 11: Filterprozess bei der Risikoidentifikation und -bewertung[68]

Als Filter sortiert sie die Risiken aus, die für die weitere Risikobewertung keine Rolle spielen. Darüber hinaus kann anhand der Relevanz ein erstes Ranking der vorhandenen Risiken erstellt und die Wirkung eines Risikos auf den Unternehmenswert geschätzt werden. Durch diese grobe Einstufung der Risiken kann festgelegt werden, wie die Risiken im weiteren Verlauf der Risikobewertung berücksichtigt werden. Beispielsweise wird damit verhindert, dass Risiken der kleinsten Stufe mit zu viel Aufwand behandelt werden.

Die Ersteinschätzung der Relevanz geschieht in der Praxis durch kompetente Mitarbeiter, die sich dabei vor allem am realistischen Höchstschaden

---

[68] Vgl. Gleißner, W./Romeike, F. (2005): Risikomanagement – Umsetzung, Werkzeuge, Risikobewertung.

orientieren. Sie unterteilen die Risiken in fünf Relevanzklassen von *„unbedeutendes Risiko"* bis *„bestandsgefährdendes Risiko"*.
Tabelle 2 zeigt die verschiedenen Relevanzklassen.

Relevanzskala		
Relevanzklasse	**Grad der Einflussnahme**	**Erläuterungen**
1	Unbedeutendes Risiko	Unbedeutende Risiken, die weder den Jahresüberschuss noch den Unternehmenswert spürbar beeinflussen.
2	Mittleres Risiko	Mittlere Risiken, die eine spürbare Beeinträchtigung des Jahresüberschusses bewirken.
3	Bedeutendes Risiko	Bedeutende Risiken, die den Jahresüberschuss stark beeinflussen oder zu einer spürbaren Reduzierung des Unternehmenswertes führen.
4	Schwerwiegendes Risiko	Schwerwiegende Risiken, die zu einem Jahresfehlbetrag führen und den Unternehmenswert erheblich reduzieren.
5	Bestandsgefährdendes Risiko	Bestandsgefährdende Risiken, die mit einer wesentlichen Wahrscheinlichkeit den Forbestand des Unternehmens gefährden.

Tabelle 2: Relevanzklassen des Risikos

Relevanz wird dabei als die *Gesamtbedeutung* des Risikos für das Unternehmen verstanden. Sie gilt als weiteres Risikomaß und ist von folgenden Parametern abhängig:
- Mittlere Ertragsbelastung (Erwartungswert),
- Realistischer Höchstschaden (oder besser Value at Risk),
- Wirkungsdauer.

Ein weiterer Vorteil der Relevanzeinschätzung besteht darin, dass sie die Information über die Schwere eines Risikos in einfacher Form beschreibt und so die Kommunikation relevanter Risikoinformationen erleichtert.

3.2.2.2 Quantitative Risikobewertung

Ziel der zweiten Stufe der Risikobewertung, der quantitativen Risikobewertung, ist eine geeignete Verteilungsfunktion[69] für die nun ausgewählten wichtigsten Risiken zu finden. Die Risiken werden präzise beschrieben (und eventuell noch in Teilrisiken zerlegt) und danach quantifiziert, um ihre Auswirkungen (auch im Zusammenspiel mit anderen Risiken) beurteilen zu können. Um die einzelnen Risiken zu charakterisieren und messbar zu machen, müssen geeignete Zufallsvariablen und die entsprechenden Wahrscheinlichkeitsverteilungen[70] gefunden werden (vgl. Abbildung 12).

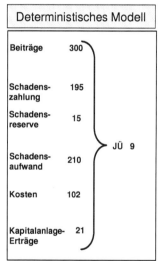
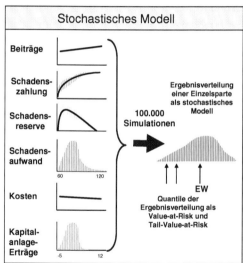

Abbildung 12: Darstellung der Risiken über adäquate Wahrscheinlichkeitsverteilungen[71]

---

[69] Die Verteilungsfunktion F_x einer Zufallsvariablen X gibt an, mit welcher Wahrscheinlichkeit die Zufallsvariable X einen Wert kleiner oder gleich x annimmt. $F_x(x) = P(X \leq x)$.

[70] Die (Wahrscheinlichkeits-)Verteilung P_X einer Zufallsvariablen X gibt an, mit welcher Wahrscheinlichkeit die Zufallsvariable die einzelnen Werte ihrer Wertemenge annimmt. $P_X : B \to \Re$, $P_X(B) = P(X \in B)$ mit $B \in B$.

[71] Romeike, F./Müller-Reichart, M. (2008): Risikomanagement in Versicherungsunternehmen – Grundlagen, Methoden, Checklisten und Implementierung, 2. Auflage, S. 277.

Diese Aufgabe erfordert tiefe Kenntnisse über die Risiken und ihre Ursachen. Die richtige Auswahl ist wichtig, da die Zufallsvariable für die weitere Bewertung verwendet wird. Diese Phase ist genauso relevant wie die weitere Bewertung, denn wird an dieser Stelle ein Fehler gemacht, sind die weiteren Ergebnisse nutzlos und können sogar zu falschen Aussagen führen.

Nach der Bestimmung der Verteilungsfunktionen für die einzelnen Risiken, soll das Gesamtrisiko des Unternehmens bestimmt werden (Risikoaggregation). Eine weitere Aufgabe der Risikobewertung ist eine für Dritte nachvollziehbare Dokumentation anzufertigen.

Zur Bewertung der Risiken bieten sich zwei Varianten an. Die erste Variante verwendet zwei Verteilungsfunktionen. Eine Verteilungsfunktion (etwa die Poissonverteilung) beschreibt die Schadenhäufigkeit einer Periode (*Schadenhäufigkeitsverteilung*). Die zweite Verteilung stellt die Schadenhöhe je nach Schadenfall, beispielsweise mit der Normalverteilung dar (*Schadenhöhenverteilung*).

Die zweite Variante verwendet eine verbundene Verteilungsfunktion (*Ergebnisverteilung*). Sie stellt die Risikowirkung in einer Periode dar. Zu den wichtigen Verteilungsfunktionen gehören die Binominalverteilung, die Poissonverteilung, die Normalverteilung, die Log-Normalverteilung und die Dreiecksverteilung.

> ➤ Schadenhäufigkeitsverteilung
> Die Schadenhäufigkeit im Risikogeschäft ist die Anzahl der Versicherungsfälle. Es wird hier untersucht, wie häufig Schadenfälle in einer bestimmten Periode auftreten. Dabei sind die Schadenkosten bzw. die Aufwendungen für Versicherungsfälle irrelevant. Werden den möglichen Häufigkeiten Wahrscheinlichkeiten zugeordnet, entstehen Schadenhäufigkeitsverteilungen.

> ➤ Schadenhöhenverteilung
> Für die Höhenverteilung werden im Risikogeschäft die Höhen der versicherten Schäden betrachtet. Für Kapitalanlagen sind die Werte der Erträge und Aufwendungen für Kapitalanlagen zu verwenden. Die Höhenkomponenten der Erträge sind die durchschnittlichen Höhen der Ertragsströme im Betrachtungszeitraum (beispielsweise durchschnittliche Zinsen oder Mieten). Die Höhenkomponenten der Aufwendungen für Kapitalanlagen werden analog durch die durchschnittlichen Höhen der Aufwandsströme in Betrachtungszeitraum bestimmt. Durch die Zuordnung von Wahrscheinlichkeiten ergeben sich die Schadenhöhenverteilungen.

Allgemeingültig können folgende Aussagen getroffen werden: Je größer die Spannweite für die Verteilung der Schadenhöhen ist und je stärker sich die Schadenhöhenverteilungen der Normalverteilung annähern, desto größer ist das Risiko. Ferner ist das Risiko umso kleiner, je kleiner die Versicherungssummen bzw. je größer die Wahrscheinlichkeiten von möglichst kleinen Schadenhöhen sind.

> Ergebnisverteilung
> Werden die möglichen Häufigkeits- und Höhenwerte miteinander multipliziert, entstehen die Ergebniswerte. Werden diesen zusätzlich Eintrittswahrscheinlichkeiten zugeführt, entsteht die eigentliche Ergebnisverteilung.

3.2.3 Schätzung der Wahrscheinlichkeitsverteilungen

Da für die Risikobewertung die Werte zu einem festgelegten Zeitpunkt in der Zukunft interessant sind, muss eine Verteilung der Zufallsvariablen aus Vergangenheitsdaten bestimmt werden. Sind diese nicht vorhanden, muss auf Schätzungen von Experten zurückgegriffen werden. Für die Schätzung stehen folgende Methoden zur Verfügung.

3.2.3.1 Empirische Methoden

Empirische Methoden basieren auf Erfahrungen. Die Untersuchung von Einzelrisiken lassen sich in die Bewertung von individuell ausgeprägten und *nicht* individuell ausgeprägten Risiken unterteilen.

> *Individuell ausgeprägte Einzelrisiken* müssen *altbekannt* und ihre realisierten Ergebnisse in der Vergangenheit gemessen worden sein. Aus diesen aussagefähigen Zeitreihen werden dann Verteilungen von Ergebnissen abgeleitet. Das häufige Auftreten der Einzelrisiken ist dabei nicht zwingend notwendig. Dafür müssen dann aber ausreichend viele Zeitreihen existieren.

> Für die Bewertung von *nicht individuell ausgeprägten Einzelrisiken* müssen die Risiken nicht *altbekannt* sein, wenn es daneben hinreichend viele gleichartige Risiken (Vergleichsrisiken) gibt. Für die Bestimmung der gesuchten Verteilung, die das Einzelrisiko präsentiert, können die Erfahrungswerte der gleichartigen Risiken verwendet werden. Die Zuverlässigkeit der Verteilung nimmt mit steigender Anzahl der Vergleichsrisiken zu.

Sollen *Risiko(teil)bestände* bewertet werden, können Erfahrungswerte der gestreuten Bestandsergebnisse von mehreren Erfahrungsperioden der

Vergangenheit zu Grunde gelegt werden. Alternativ können die gestreuten Ergebnisse, der in den (Teil-)Beständen enthaltenen Einzelrisiken einer Erfahrungsperiode, die in diesem Fall nicht *altbekannt* sein müssen, verwendet werden. Hierbei entsteht die gesuchte Gesamtverteilung von Ergebnissen aus dem Versicherungsbestand durch Aggregation der Verteilungen der Einzelrisiken. Die Verteilung der realisierten Ergebnisse aus n Einzelrisiken kann als der *n-te* Teil einer fiktiven Verteilung von Ergebnissen angenommen werden. Die Aggregation von n solcher Verteilungen, die annahmegemäß den gleichen Verlauf aufweisen, liefert die Gesamtverteilung. Wichtig hierbei ist eine genügend große Anzahl von gleichartigen Einzelrisiken.

Weist der Anfangsbestand keine homogenen Einzelrisiken auf, kann der Gesamtanfangsbestand in eine maximale Anzahl von m Teilbestände zerlegt werden, so dass diese ihrer Größe und Zusammensetzung nach annähernd homogen sind. Für diese Teilbestände wird ebenfalls die Verteilung der realisierten Ergebnisse bestimmt, die als *m-ter* Teil der Anfangsbestandverteilung gesehen werden kann. Durch Aggregation der m Verteilungen entsteht die Gesamtverteilung von Ergebnissen aus dem Anfangsbestand heterogener Einzelrisiken.

Die empirischen Methoden sind jedoch auch kritisch zu beurteilen. Zum einen ist es in der Praxis äußerst schwierig einen Anfangsbestand aus heterogenen Einzelrisiken in hinreichend homogene Teilbestände zu zerlegen. Zum anderen sind der Aggregation der Verteilungen der homogenen Teilbestände zur Gesamtverteilung Grenzen gesetzt. Speziell Kumulrisiken und Risikoausgleichseffekte werden nicht ausreichend berücksichtigt. Die Kovarianzen der Ergebnisse der n Einzelrisiken bzw. der m Versicherungsteilbestände müssen geschätzt werden. Um den Fehler zu minimieren, wird eine Kovarianz von null angenommen, also für die Einzelrisiken und Teilversicherungsbestände Unabhängigkeit unterstellt. Die Gesamtvarianz ergibt sich dann einfach durch die Addition der einzelnen Varianzen der zu aggregierenden Verteilungen. Dieser für die Risikobewertung wichtige Streuungsparameter ist somit aber fehlerhaft und seine statistische Aussagefähigkeit entsprechend geschwächt.

3.2.3.2 Analytische Methoden

Liegen kaum Erfahrungen über die zugrunde liegenden Risiken vor, das gilt prinzipiell bei allen neuen Risiken, können Bestimmungsgrößen für die Wahrscheinlichkeitsverteilungen mit Hilfe analytischer Methoden gewonnen werden. Die analytische Vorgehensweise basiert auf logischen Schlüssen und systematischen Zergliederungen der Risiken. Vertreter der analytischen Methoden sind etwa die *Ausfalleffektanalyse*, die *Fehlerbaumanaly-*

se, die *Sensitivitätsanalyse,* der *Stresstest* und ferner die *Szenariotechnik.* Sie werden im Folgenden kurz vorgestellt:

> Ausfalleffektanalyse
> Die Ausfalleffektanalyse ist ein Verfahren zur präventiven Risikoanalyse, bei dem Fehler in einem System, einem Prozess oder einer Maschine gesucht, die Auswirkungen verfolgt und die Ursachen analysiert werden. Indem potenzielle Fehler mit Wahrscheinlichkeiten belegt werden, soll ermittelt werden, wann das Gesamtsystem einen kritischen Zustand erreicht. So sollen Fehler und ihre Ursachen frühzeitig erkannt und Maßnahmen zur Fehlervermeidung festgelegt werden.

> Fehlerbaumanalyse
> Die Fehlerbaumanalyse ist ein Verfahren zur Bestimmung der Ausfallwahrscheinlichkeit. Es zergliedert ein Ereignis in alle möglichen Risikoursachen und misst ihnen Wahrscheinlichkeiten bei. Die einzelnen Risikoursachen werden ihrerseits in auslösende Ereignisse zergliedert und mit Wahrscheinlichkeiten versehen. Dies wird solange wiederholt, bis die Risikoursache gefunden oder die Eintrittswahrscheinlichkeit vernachlässigbar gering ist. Durch Aggregation der Einzelrisiken wird die Gesamtausfallwahrscheinlichkeit bestimmt.

> Sensitivitätsanalyse
> Die Sensitivitätsanalyse untersucht den Einfluss von Inputfaktoren hinsichtlich der Veränderung der Ergebnisgrößen. Ein oder mehrere Parameter werden verändert, um zu prüfen, wann ein zuvor definierter Zielwert über- oder unterschritten wird.

> Stress-Test
> Stress-Tests simulieren extrem ungünstige Szenarien, etwa auf Basis der Szenarioanalyse. Volatilitäten und Korrelationen werden deutlich überhöht und wenig wahrscheinliche Risikofaktorentwicklungen kombiniert. Jedoch sind die gewonnenen Durchschnittswerte im Falle eines Zusammenbrechens von Märkten bedeutungslos.

> Szenariotechnik
> Die Szenariotechnik ist eine Methode, die auf der Entwicklung und Analyse zukünftiger Szenarien beruht. Dabei fokussiert sie sich auf drei Szenarien: extrem positive, extrem negative und wahrscheinlichste Szenarien.[72] Mit neuen Risikofaktor-Kombinationen werden

---

[72] Vgl. Romeike, F./Müller-Reichart, M. (2008): Risikomanagement in Versicherungsunternehmen – Grundlagen, Methoden, Checklisten und Implementierung, 2. Auflage, S. 316.

bestimmte Szenarien erstellt und das Risiko neu bewertet. Die Schwäche dieses Verfahrens ist die schwierige Konstruktion geeigneter Szenarien.

Kritisch ist bei den analytischen Verfahren anzumerken, dass sie sehr aufwändig sind. Daneben sind die Ergebnisse nicht immer zuverlässig, da sie auf Schätzungen und Erfahrungen beruhen. Dieses Problem kann jedoch durch die parallele Verwendung verschiedener analytischer Methoden gemindert werden.

3.2.4 Risikoaggregation

Nach der Betrachtung der Einzelrisiken kann nun die Frage gestellt werden, wie sich die erkannten Risiken *insgesamt* auf das Unternehmen auswirken. Dazu müssen die Einzelrisiken zu einem Gesamtrisiko zusammengefasst werden. Eine solche Aggregation ist jedoch nicht als einfache Addition der Einzelrisiken zu verstehen. Die Abhängigkeiten zwischen den einzelnen Risiken müssen eine entsprechende Beachtung finden.[73] Um die Abhängigkeiten darzustellen, müssen die Risiken analysiert und die Ergebnisse mit Hilfe einer Korrelationsmatrix dargestellt werden. Da dies ein sehr komplexes Problem ist, ist es zweckmäßig die analytische Aggregation durch eine computergestützte Simulation möglichst vieler Szenarien zu ersetzen. Diese veranschaulicht die Wirkungen der einzelnen Risiken auf das Unternehmensgeschehen. Als ein mögliches Verfahren bietet sich die *Monte-Carlo-Simulation* an.

3.2.4.1 Ziel der Risikoaggregation

Das Ziel der Risikoaggregation ist die Bestimmung der Gesamtrisikoposition eines Unternehmens. Da sich die Risiken auf den Gewinn und das Gesamtkapital auswirken, belasten sie die Risikotragfähigkeit des Unternehmens. Diese setzt sich aus dem Eigenkapital und der Zahlungsfähigkeit (Liquiditätsreserven) des Unternehmens zusammen.

Durch die Beurteilung des Gesamtrisikoumfangs ist es möglich, eine Aussage darüber zu treffen, ob die Risikotragfähigkeit des Versicherungsunternehmens ausreichend ist, um den Risikoumfang des Unternehmens zu tragen und damit den Bestand langfristig zu gewähren. Ist der Risikoumfang des Versicherungsunternehmens zu hoch, gemessen an der Risikotragfä-

---

[73] Vgl. Romeike, F./Müller-Reichart, M. (2008): Risikomanagement in Versicherungsunternehmen – Grundlagen, Methoden, Checklisten und Implementierung, 2. Auflage, S. 79 ff.

higkeit (Eigenkapitalbedarf > vorhandenes Eigenkapital), sind zusätzliche Maßnahmen der Risikobewältigung erforderlich.[74]

Weiter verfolgt die Risikoaggregation das Ziel, die relative Bedeutung von Einzelrisiken auf die Unternehmensentwicklung zu ermitteln. Durch die Kenntnis über das Gefährdungspotenzial einzelner Einflussgrößen lässt sich eine klare Prioritätenliste für zu ergreifende Risikomanagementmaßnahmen ableiten (insbesondere Rückversicherung).

3.2.4.2 Verwendung eines Simulationsmodells

Bei der Risikoaggregation wird sich das Versicherungsunternehmen eines Simulationsmodells bedienen. Vorraussetzungen für dieses Modell ist, alle versicherungstechnischen und nicht versicherungstechnischen Risiken des Versicherungsunternehmens mit einzubeziehen. Weiterhin sollten für die quantitative Beschreibung der einzelnen Risiken durch Verteilungsfunktionen eine große Bandbreite an Verteilungsfunktionen vorgesehen werden; nicht alle Risiken können durch die klassischen Verteilungen, wie Poisson-Verteilung für die Schadenhäufigkeiten und Log-Normalverteilung für die Schadenhöhe, beschrieben werden.

Zu Anfang werden die erforderlichen Daten anhand von Checklisten zusammengetragen. Dazu gehören Daten der Gewinn- und Verlustrechnung und der Bilanz (zumindest der letzten fünf Jahre), Daten aus dem Bereich der Prämien, Schäden und Kosten sowie Informationen zur Rückversicherung, zur Portfoliostruktur und zu den operationellen Risiken. Danach werden für das Simulationsmodell notwendige Vorgaben bestimmt, etwa die Korrelationsmatrix und das zu berechnende Konfidenzniveau[75] (bspw. 95% oder 99%).

Mit Hilfe der Monte-Carlo-Simulation wird dann die Aggregation vorgenommen, wobei einzelne Parameter später noch angepasst werden können. Die Ergebnisse werden anschließend in Form von Graphiken und Risikokennzahlen für das Gesamtunternehmen und für einzelne Sparten dargestellt und durch die Führungsverantwortlichen interpretiert. Dabei ist zu überprüfen, ob die vorgegebenen Risikomanagementziele erreicht werden. Stimmen die Ergebnisse hinreichend überein, können die Unternehmensaktivitäten und die Aktivitäten des Risikomanagements so fortgeführt werden. Treten jedoch erhebliche Abweichungen von den Zielvorstellungen auf, sind im Weiteren die Mittel der Risikosteuerung gefragt oder, wenn die Risiko-

---

[74] Vgl. Gleissner, W./Romeike, F. (2005): Risikomanagement – Umsetzung, Werkzeuge, Risikobewertung, S. 31 f.
[75] Das Konfidenzniveau wird auch Vertrauensbereich oder Mutungsintervall genannt.

steuerung kein geeignetes Mittel zur Verfügung stellen kann, muss grundsätzlich darüber nachgedacht werden, die entsprechenden Unternehmensaktivitäten zu modifizieren oder einzustellen. Dabei sollten folgende Fragen beantwortet werden:[76]

> Ist das Unternehmen angemessen mit Eigenkapital ausgestattet?
> Wie viel Eigenkapital muss jeder Sparte zugewiesen werden?
> Wie viel Rendite muss eine Sparte aufgrund des Risikoprofils erwirtschaften?
> Wie hoch ist die Rendite für das Unternehmen und pro Sparte unter Risikoaspekten?
> Wie verhält sich das gesetzliche Solvenzmittel zum tatsächlichen Eigenkapital?
> Welches Rating ist aufgrund des Gesamtrisikoumfangs und der Eigenkapitalausstattung zu erwarten?
> Ist die Rückversicherung optimal strukturiert?
> Wo soll zukünftig investiert werden? Was bringt den größten Wertbetrag für das Unternehmen?

Für die Interpretation der Wahrscheinlichkeitsverteilungen eignen sich Risikomaße, wie *Lageparameter, Streuungsparameter* oder *Schiefe- und Wölbungsparameter.*[77] Sie machen die Risiken quantitativ vergleichbar und ermöglichen eine Interpretation.

Anschließend an die Diskussion und Interpretation der Ergebnisse sollte ein Risikobericht die Ergebnisse der Diskussion festhalten. Daneben soll das gesamte Projekt (insbesondere das Simulationsmodell selbst) für künftige Modelle dokumentiert werden. Ferner werden die Ergebnisse und Schlussfolgerungen von der Unternehmensführung diskutiert und das weitere Vorgehen festgelegt.

3.2.4.3 Monte-Carlo-Simulation

Für die Aggregation der Risiken bietet sich die Monte-Carlo-Simulation an. Sie ist eine Art computergestütztes Stichprobenverfahren, das anhand großer repräsentativer Stichproben auf die Grundgesamtheit stößt. Hierzu erzeugt das Verfahren Zufallszahlen und wandelt diese in die benötigte Ver-

---

[76] Vgl. Gleißner, W./Lienhard, H. (2004), Risikomanagement und -steuerung in der Versicherungswirtschaft: Komponenten des Risikomanagements in der Versicherungswirtschaft, S. 56-58.
[77] Vgl. hierzu die Ausführungen über Kennzahlen des Risikos im Kapitel 5.

teilung um. Anhand von ausreichend vielen Simulationen (beispielsweise 100.000 Durchläufe) lassen sich stabile Verteilungen und Statistiken ableiten, die mit Hilfe von statistischen Mitteln ausgewertet werden können.

Die Risiken werden in *ereignisorientierte* und *verteilungsorientierte* Risiken unterteilt. Ereignisorientierte Risiken treten entweder voll oder gar nicht ein (etwa Brand). Verteilungsorientierte Risiken schwanken dagegen nur um einen Planwert (etwa Prämieneinnahmen). Des Weiteren werden die Wirkungen der Einzelrisiken bestimmten Positionen, beispielsweise der Gewinn-und-Verlust-Rechnung (GuV) oder der Bilanz, zugeordnet. Danach werden für ein Geschäftsjahr mehrere tausend risikobedingte Szenarien der GuV und Bilanz berechnet. Durch die Simulation werden in jedem Durchlauf für die betrachte Zielgröße (etwa Gewinn) Werte berechnet, die in der Gesamtheit der Simulationsläufe als „repräsentative Stichprobe" bezeichnet werden.

Die nun vorliegenden aggregierten Wahrscheinlichkeitsverteilungen zeigen unter anderem an, mit welcher Wahrscheinlichkeit (beispielsweise 95%) ein bestimmter, mindestens zu erzielender Gewinn nicht unterschritten oder ein maximal tragbarer Verlust nicht überschritten wird. Daneben können als Dieser Wert wird auch als *Value at Risk* bezeichnet. Mit Hilfe der Wahrscheinlichkeitsfunktionen für Gewinn und Verlust ist es möglich, durch Verrechnung mit dem bisherigen Eigenkapital das zukünftige Eigenkapital zu prognostizieren und damit den Eigenkapitalbedarf zu bestimmen.

Dabei versteht man unter dem Risk Adjusted Capital (RAC) die Höhe des zur Deckung des Risikos erforderlichen Eigenkapitals eines Jahres (risikobedingter Eigenkapitalbedarf), bezogen auf ein bestimmtes Sicherheitsniveau (etwa 95%).[78] Grundüberlegung dabei ist, dass die Aufgabe des Eigenkapitals eines Unternehmens die Deckung von Verlusten ist. Nur wenn das Versicherungsunternehmen in die Verlustzone rutschen kann, wird Eigenkapital benötigt. Ansonsten ist es besser, die Finanzierung mit günstigerem Fremdkapital zu realisieren. In der Regel erwartet ein Eigenkapitalgeber – gerade weil er das unternehmerische Risiko trägt – eine höhere Verzinsung als Fremdkapitalgeber.

Das RAC ist die Differenz von null und dem mit dem Sicherheitsniveau (beispielsweise 95%) korrespondierenden Quantilswert (also dann 5%). Gesucht wird also zunächst der Wert des EBT, der mit beispielsweise 95%-iger Wahrscheinlichkeit nicht unterschritten wird. Ist dieser Wert kleiner als null, kann das Unternehmen in die Verlustzone rutschen: Somit muss ge-

---

[78] Vgl. Gleissner, W./Romeike, F. (2005): Risikomanagement – Umsetzung, Werkzeuge, Risikobewertung, S. 306 f.

nau soviel Eigenkapital zur Verlustdeckung vorgehalten werden. Daher ist das RAC stets null, wenn das dazugehörige Quantil an der Stelle positiv ist. Ist das Quantil negativ, so ist das RAC – definiert als Verlustgefahr – gleich dem Betrag des Quantils (Details siehe auch Kapitel 1).

4 Die Risikolandkarte im Versicherungsunternehmen

In Kapitel 3.1.4 wurde dargelegt, dass keine der aufgezeigten Methoden der Risikoidentifikation für Vollständigkeit bürgt.

Eine Möglichkeit, die Chancen für eine möglichst vollständige Erfassung zu erhöhen, wird darin gesehen, parallel verschiedene Verfahren der Risikoerkennung zu verwenden. Eine Methode zur Darstellung der identifizierten und bewerteten Risiken ist die sogenannte „Risikolandkarte" (auch der Begriff Risikomatrix oder Risk Map hat sich in der Praxis durchgesetzt).

Voraussetzung für die Erstellung einer Risikolandkarte ist eine Identifizierung der Risiken sowie deren Messung bzw. Abschätzung hinsichtlich ihrer Eintrittwahrscheinlichkeit und der möglichen Auswirkungen auf die Ertragslage (Schadenausmaß).

In den nachfolgenden Tabellen ist ein einfaches Schema für die qualitative Kategorisierung von Risiken aufgezeigt.[79]

Eintrittswahrscheinlichkeit (Beispiel):	
1 = Hohe Eintrittswahrscheinlichkeit (häufig)	Eintritt innerhalb eines Jahres ist zu erwarten bzw. Eintritt empirisch in den vergangenen 3 Jahren
2 = Mittlere Eintrittswahrscheinlichkeit (möglich)	Eintritt innerhalb von 3 Jahren ist zu erwarten bzw. Eintritt empirisch in den vergangenen 8 Jahren
3 = Niedrige Eintrittswahrscheinlichkeit (selten)	Eintritt innerhalb von 8 Jahren ist zu erwarten bzw. Eintritt empirisch in den vergangenen 15 Jahren
4 = Unwahrscheinlich	Risiko ist bisher, auch bei vergleichbaren Unternehmen, noch nicht eingetreten. Risiko kann aber auch nicht ausgeschlossen werden

Tabelle 3: Qualitative Kategorisierung der Eintrittswahrscheinlichkeit

---

[79] Vgl. Romeike, F./Müller-Reichart, M. (2008): Risikomanagement in Versicherungsunternehmen – Grundlagen, Methoden, Checklisten und Implementierung, 2. Auflage, S. 32 ff.

Schadens- bzw. Risikoausmaß:	
1 = Katastrophenrisiko	Die Existenz des Unternehmens wird gefährdet
2 = Großrisiko	Der Eintritt des Risikos zwingt zur kurzfristigen Änderung der Unternehmensziele
3 = Mittleres Risiko	Der Eintritt des Risikos zwingt zur mittelfristigen Änderung der Unternehmensziele
4 = Kleinrisiko	Der Eintritt des Risikos zwingt zur Änderung von Mitteln und Wegen
5 = Bagatellrisiko	Der Eintritt des Risikos hat keine Auswirkungen auf den Unternehmenswert

Tabelle 4: Qualitative Kategorisierung des Schadens- bzw. Risikoausmaßes

Eine Klassifizierung der Risiken hinsichtlich Risikoausmaß und Eintrittswahrscheinlichkeit muss unternehmensindividuell vorgenommen werden. Inwieweit ein Schaden für das Versicherungsunternehmen Existenz bedrohend ist, hängt in jedem Fall von der wirtschaftlichen Stärke des Unternehmens ab.

Neben den Einzelrisiken bzw. den aggregierten Risiken kann in einer Risikolandkarte auch die individuelle Akzeptanzlinie abgebildet werden. Diese zeigt an, ab welchem Schwellenwert ein Handlungsbedarf ausgelöst wird. In der Praxis wird die Risikolandkarte recht häufig in zwei (unterer und oberer Toleranzbereich) oder drei (unterer, mittlerer und oberer Toleranzbereich) Risiko-Toleranzbereiche aufgeteilt. Den verschiedenen Risiko-Toleranzbereichen können unterschiedliche Dringlichkeiten für die Risikosteuerung zugeordnet werden (vgl. Abbildung 13).

In einer Risikolandkarte kann abgelesen werden, mit welcher Priorität die Risiken angegangen werden sollten. Man beginnt mit der Zone der nichttragbaren Risiken (katastrophales Schadensausmaß). Bei gleichem Schadensausmaß haben grundsätzlich die Risiken mit der höheren Schadeneintrittswahrscheinlichkeit Priorität. Häufig wird dem Ist-Zustand auch der Soll-

Zustand gegenübergestellt, so dass die Entscheidungsträger genau erkennen können, an welcher Stelle sie aktiv werden müssen.

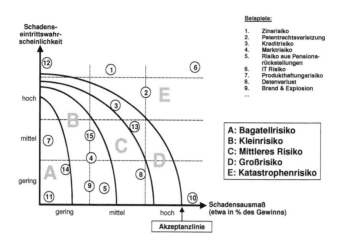

Abbildung 13: Risikolandkarte, Risikomatrix, Risk Map, Risk Landscaping – viele Begriffe für eine Methodik[80]

Betrachtet man die Darstellung des Gesamtrisikos eines Versicherungsunternehmens (vgl. Kapitel 3.1.2.4, Abb. 10), wird man erkennen, dass viele Risiken nicht exakt quantifiziert werden können. Bestimmte Risiken (beispielsweise das Risiko eines Reputationsverlusts) können bestenfalls qualitativ abgeschätzt werden, etwa im Rahmen einer Szenarienbetrachtung. In diesem Kontext besteht daher bei der Visualisierung der Risiken im Rahmen einer Risikolandkarte auch die Möglichkeit, dass Risiken qualitativ abgebildet werden. So erhält der Entscheider einen informativen Überblick über die gesamte Risikoexposition des Unternehmens. In diesem Kontext ist es selbstverständlich auch wichtig, dass eine Risikolandkarte regelmäßig aktualisiert wird, um die Veränderung der identifizierten Risiken bzw. auch neue Risiken (vgl. auch Kapitel 3.1.1) zeitnah zu erfassen. Damit kann eine sorgfältig aufbereitete Risikolandkarte ein wertvolles Hilfsmittel auch im Sinn von Kapitel 3.1.4 sein.

---

[80] Quelle: Romeike, F.: Bewertung und Aggregation von Risiken, in: Romeike, F.; Finke, R. (Hrsg.): Erfolgsfaktor Risikomanagement: Chance für Industrie und Handel, Lessons learned, Methoden, Checklisten und Implementierung, Gabler Verlag, Wiesbaden 2003, S. 193.

Zu der in Kapitel 3.1.2.4 genannten Risikogliederung folgen unten einige Beispiele aus der Unternehmenspraxis. Parallel erfolgt auch eine Einordnung in eine Risikolandkarte.

4.1 Zu den strategischen Risiken

Strategische Risiken könnten wie folgt definiert werden: Es handelt sich um „negative Veränderungen im Unternehmenswert" als Folge von strategischen Entscheidungen des Vorstands und deren Umsetzung. Dabei spielt häufig die Fähigkeit bzw. Unfähigkeit der handelnden Personen, auf externe Einflüsse richtig zu reagieren, eine Rolle. Hierbei ist auch zu betonen, dass ein passives Verhalten auch zu erheblichen negativen Auswirkungen führen kann.

Beispiele

4.1.1 Krankenversicherungsunternehmen mit Zielgruppe Landwirtschaft

Es gab bis Anfang der 70er-Jahre einige Krankenversicherungsunternehmen, die ausschließlich Landwirte und deren Angehörigen versicherten. Bis auf zwei Unternehmen, welche sich rechtzeitig neuen Zielgruppen öffneten, blieben diese ihrer landwirtschaftlichen Zielgruppe im Wesentlichen „treu". Die Folgen:

Aus dem Statistischen Jahrbuch der Bundesrepublik Deutschland 1985, Seite 139, kann man Folgendes entnehmen:

Anzahl der landwirtschaftlichen Betriebe

- 1949: 1,65 Mio.
- 1960: 1,39 Mio.
- 1971: 1,02 Mio.

bei etwa gleichbleibender genutzter Fläche.

Darüber hinaus gab es Anfang der 60er-Jahre eine erhebliche Diskussion über eine mögliche Pflichtversicherung der Landwirte. Diese wurde im Jahr 1972 schließlich auch Realität. Die Folge war, dass vier Versicherer ihren Geschäftsbetrieb aufgeben mussten. Die verbleibenden Bestände, überwiegend Zusatzversicherungen, wurden auf andere Versicherer übertragen.

Dies ist ein, wenn auch weit zurückliegendes Beispiel für ein strategisches Risiko. Allein die Tatsache des Rückgangs der landwirtschaftlichen Betriebe hätte ausreichen müssen, sich mit Nachdruck neuen Zielgruppen zuzuwenden, unter Umständen auch die Gründung eines Lebens- und/oder

Schadenversicherers ins Auge zu fassen. Hier hat mangelnde Entscheidungsfreudigkeit zu den genannten Problemen geführt.

Mindestens eine Frage hätte ein Risikomanager gestellt:

Was bleibt an Beitrag übrig, wenn der gesamte Vollversicherungsbestand sich allmählich reduziert? Das wäre eine Worst-case-Betrachtung, die auch heute Unternehmensgruppen anstellen sollten, deren Geschäftsfeld schwerpunktmäßig in der Krankenversicherung liegt, weil die Folgen des Wettbewerbsstärkungsgesetzes und möglicher weiterer Änderungen ab 2009 sehr negativ sein können.

4.1.2 Gründung neuer Unternehmen zur Aufnahme des Geschäftsfeldes Krankenversicherung

In den 80er-Jahren bis zu Beginn der 90er-Jahre gab es nach einem vorangegangenen Konzentrationsprozess in der privaten Krankenversicherung einen regelrechten Neugründungsboom durch Versicherungsgruppen, die die Sparte Krankenversicherung noch nicht selbst betrieben.

Die Neugründung eines Versicherungsunternehmens kostet viel Geld. Im Fall des Misserfolgs mindert dies auch den Unternehmenswert des gründenden Unternehmens. Für einige dieser Neugründer wäre es richtig gewesen, das Krankenversicherungsgeschäft über geordnete Kooperationsvereinbarungen laufen zu lassen (Überlegung: die Krankenversicherungsprovision als Ertragsbringer für den Außendienst), anstatt viel Geld in eine Neugründung zu stecken: wie Aktienkapital, Organisationsfonds, sowie eine nicht unerhebliche Fehlallokation von Manpower, was ja auch Geld kostet.

Eine Reihe von Krankenversicherungsunternehmen hat inzwischen nämlich schon wieder aufgegeben und ihre Krankenversicherung verkauft, weil u. a. festgestellt wurde, dass die Vertriebskapazitäten für den Verkauf des Produktes Krankenversicherung unzureichend waren. Weiterhin muss man im Vorfeld einer solchen Neugründung eine ganze Reihe von Risiken bedenken, wie beispielsweise operationelle Risiken im IT-Bereich. Versicherungstechnische Risiken können hinsichtlich der Kalkulation der Beiträge identifiziert werden. Für die Eintragung in die Risikolandkarte des gründenden Unternehmens müssen die Risiken, die auftreten können, aggregiert werden und zu einem geschätzten Gesamtrisiko zusammengefasst werden.

Hier wäre mindestens zu klären gewesen:

In welchem Umfang verkaufen unsere Außendienstmitarbeiter Krankenversicherungen an andere Gesellschaften?

Wie sieht die Ertragsentwicklung der Neugründung aus bei besonders ungünstigen Annahmen zur Neugeschäftsentwicklung und der Schadenentwicklung im Rahmen der erforderlichen Hochrechnung nach § 5 VAG?

4.1.3 Aufnahme neuer Geschäftsfelder im Ausland

Hier gilt Ähnliches wie bereits unter 4.1.2 dargestellt, nur dass das Risiko noch vergrößert wird, etwa durch Nichtverstehen der anderen Mentalität. Eine ganze Reihe von verlustreichen Auslandsengagements von mittelgroßen Versicherern in Polen und in Griechenland zeigt dies. In einem Fall (Kfz-Versicherer in Griechenland) ging dies bis zum nahezu vollständigen Kapitalverzehr.

Hier ist eine Bewertung des Risikos im Vorhinein besonders schwierig, zumindest die Bewertung der Qualität der Mannschaft der ausländischen Niederlassung wäre dringend geboten, darüber hinaus eine genaue Marktstudie (ergänzt durch eine Autofahrt durch Griechenland oder Polen).

Zu den Fehlern im Einzelnen:

Zu 4.1.1: Hier lag der Fehler in der nicht ausreichenden Beobachtung des Marktes (Entwicklung der Anzahl der landwirtschaftlichen Betriebe) und der externen Einflüsse (Diskussion um die Pflichtversicherung der Landwirte).

Zu 4.1.2: Hier lag der Fehler bei einer Reihe von Neugründungen in der nicht ausreichenden Bewertung der eigenen Vertriebskapazität und der Unterschätzung der Komplexität des Produktes der Krankenversicherung.

zu 4.1.3: Falsche Einschätzung des Marktes, nicht was das Volumen angeht, sondern die Risikoexposition. Da die Verluste bei mehreren Unternehmen über mehrere Jahre liefen, kann man von einem Versagen des Risikomanagements sprechen.

Schlussbemerkung:

Strategische Risiken sind in der Regel schwer quantifizierbar, vgl. auch Geschäftsbericht 2007 der Allianz AG, S. 64: „Die Bewertung erfolgt aufgrund statistischer Kriterien oder über Szenarienanalyse."

Strategische Risiken sind letztendlich auch häufig Folgen operationaler Risiken, und zwar verursacht durch Missmanagement (personelle Risiken vgl. auf Seite 36). Sie können aber auch durch externe Einflüsse verursacht werden. Als Beispiele können genannt werden das Wettbewerbsstärkungsgesetz und das Alterseinkünftegesetz, wobei es hier wieder auf die Fähigkeit des Managements ankommt, richtig zu reagieren und die mit den neuen gesetzlichen Rahmenbedingungen verbundenen Risiken zu beherrschen oder deren Folgen tragbar zu gestalten.

Beide Gesetze sind Musterbeispiele dafür, dass Risiken meist nicht isoliert betrachtet werden können. Weiter unten werden wir uns mit den „Risikobündeln", welche beide Gesetze implizieren, beschäftigen.

4.2 Zu den versicherungstechnischen Risiken

Nach Kapitel 3.1.2.4 sind dies Risiken, die in unmittelbarem Zusammenhang mit der Bereitstellung des Versicherungsschutzes stehen.

4.2.1 Die wesentlichen Risiken

Im wesentlichen sind dies die aktuariellen Risiken, also beispielsweise unzureichende Beiträge (siehe Kfz-Versicherung), nicht ausreichende Reserven (etwa durch fehlerhafte Bewertung von Einzelschäden in der Schadenversicherung), Verminderung der Sterbewahrscheinlichkeiten (bei der Rentenversicherung folgt daraus Nachreservierungsbedarf), Todesfallrisiko, Veränderung des Schadenverlaufs durch Antiselektion.

Beispiel: Riskantes Engagement in Griechenland

Das Beispiel in 4.1.3, Kraftfahrzeugversicherung in Griechenland einer mittelgroßen Versicherungsgruppe, zeigt ein erhebliches versicherungstechnisches Risiko (als Folge einer strategischen Entscheidung). Das Unternehmen hatte im Jahr 1996 ein Eigenkapital von 23 Mio. Euro bei einer Beitragseinnahme von 35,9 Mio. Euro, das versicherungstechnische Ergebnis betrug +2,3 Mio. Euro.

Im Jahr 1997 wurde in Griechenland das Kfz-Versicherungsgeschäft aufgenommen; in den folgenden Jahren entwickelte sich das versicherungstechnische Ergebnis wie in der folgenden Tabelle dargestellt.

Jahr	Mio. Euro versicherungs-technisches Ergebnis	Beitragseinnahmen (Mio. Euro)	davon + Kfz-Geschäft in Griechenland
1998	+2,0	39	
1999	+0,1	45	3,2
⋮	⋮	⋮	⋮
2002	-3,7	58	14
⋮	⋮	⋮	⋮
2005 *)	-5,8	40	

*) Einstellung des Versicherungsgeschäfts in Griechenland

Tabelle 5: Fallbeispiel: Kfz-Versicherungsgeschäft in Griechenland

Das Eigenkapital verringerte sich von 23 Mio. Euro in 1998 auf 13,2 Mio. in 2006, wobei zwischenzeitlich eine Kapitaleinlage der Muttergesellschaft in Höhe von 8 Mio. Euro erfolgte. In der Spitze wurde ein Verlust von 7,5 Mio. Euro eingefahren.

Das Engagement in Griechenland hat die Risikotragfähigkeit des Unternehmens überschritten und hat sich als ruinöses versicherungstechnisches Risiko als Folge einer strategischen Fehlentscheidung herausgestellt.

4.2.2 Messbarkeit von Antiselektionseffekten

Die genannten Risiken sind in der Regel messbar, wobei allerdings die Veränderung des Schadenverlaufs durch Antiselektion schwer fassbar ist. Sie ist da beobachtbar, wo zu bestehenden Tarifen solche mit ähnlichem Leistungsspektrum eingeführt werden oder Tarife mit „Ausschnittsdeckungen", die beispielsweise nur Zahnersatz oder nur Heilpraktikerleistungen vorsehen.

Antiselektionseffekte sind in der Krankenversicherung besonders ausgeprägt, aber auch beobachtbar in der Schadenversicherung und in der Lebensversicherung (beispielsweise selbstständige Berufsunfähigkeitsversicherung).

Ein Beispiel dafür, dass eine genaue Abgrenzung der einzelnen Risikokategorien oft nicht möglich ist, zeigt das Beispiel eines Krankenversicherers aus den 70er-Jahren. Dort wurde auf Betreiben eines Vorstandsmitglieds ein spezieller Tarif entwickelt, der ausschließlich für Behandlungen durch Heilpraktiker leistete, also für eine spezielle neue Zielgruppe. Der Tarif wurde gegen den Widerstand fast der gesamten Ebene unterhalb des Vorstands eingeführt. Als Aufnahme eines neuen Geschäftsfeldes, war es eine strategische Entscheidung, die dann in einem versicherungstechnischen Fiasko endete. Die Beiträge waren unzureichend, da nicht berücksichtigt wurde, dass bei einer so speziellen Ausschnittsdeckung genau die versicherten Risiken Versicherungsschutz nachfragen, die auf jeden Fall in Anspruch nehmen wollen. Das Ergebnis waren Millionenverluste schon nach kurzer Zeit.

Der Bestand konnte aber vollständig gekündigt werden (immerhin sah der Tarif ein ordentliches Kündigungsrecht in den ersten drei Versicherungsjahren vor). Daraus folgte noch ein zusätzlicher Reputationsverlust.

4.2.3 Stückzahlrisiko

Ein häufig unterschätztes Risiko ist die Einführung zu vieler Tarifvarianten (es kommt in allen Sparten vor) mit differenzierenden Risikomerkmalen. Das führt, abgesehen von Antiselektion, oft zu einer „Atomisierung" des Bestandes (Stückzahlrisiko). Es muss berücksichtigt werden, dass Versicherung keine Individualveranstaltung ist, sondern eine kollektive; bekanntlich funktioniert Versicherung nur, wenn man eine hinreichend große Anzahl von Risiken hat.

4.3 Operationelle Risiken

Dies sind Risiken, die aus mangelhaften Prozessen innerhalb des Unternehmens entstehen. Auch mangelhaft definierte Schnittstellen nach „außerhalb" können riskant sein; darüber hinaus gehören Rechtsrisiken zu den operationellen Risiken.

Beispiele für operationelle Risiken:

4.3.1 Berechnung der Alterungsrückstellung für einen Krankenversicherer (konkretes Beispiel aus den 80er-Jahren)

Bekanntlich lässt sich die Formel für die Alterungsrückstellung in der Krankenversicherung $_kV_x = A_{x+k} - P_x \ddot{a}_{x+k}$ auch darstellen mit $_kV_x = A_{x+k} - (1-\Delta) \cdot B_x \ddot{a}_{x+k}$ wobei P_x die Nettoprämie, B_x die Bruttoprämie und Δ die prozentualen Zuschläge einschließlich Sicherheitszuschlag sind. Zum Bilanzstichtag des betrachteten Jahres brachte die Bilanzalterungsrückstellung eines nicht neu eingeführten Tarifs eine sehr hohe negative Alterungsrückstellung. Eine intensive Dokumentenanalyse brachte den Fehler zum Vorschein. Die Programmanweisung war zwar nach Lehrbuchmeinung richtig, hatte aber nicht berücksichtigt, dass im betrachteten Unternehmen damals die Bruttobeiträge einschließlich Risikozuschlägen gespeichert wurden, so dass der volle Barwert der Risikozuschläge in den Beitragsbarwert einfloss. Weiterhin stellte sich heraus, dass im Testbestand kein Vertrag mit Risikozuschlag vorhanden war, so dass auch die Tests keine Erkenntnisse über den Fehler gebracht hatten.

Eine Nichtbetrachtung der Alterungsrückstellung der einzelnen Tarife auf Plausibilität hätte einen um einen hohen Millionenbetrag zu niedrige Alterungsrückstellung und damit einen falschen Jahresabschluss zur Folge gehabt.

Dies war ein Beispiel für ein Prozessrisiko aus Schwachstellen von Arbeitsanweisungen.

4.3.2 Externe Risiken, etwa Rechtsrisiken

Ein Beispiel ist das BGH-Urteil vom 16.6.2004 zur Beitragsanpassungsklausel in der Krankenversicherung (Az. IV Z R 117/02).

Die Beitragsanpassungsklausel (§ 8a der Musterbedingungen der Privaten Krankenversicherung) sah vor, dass alle Beiträge eines Tarifes überprüft und ggfs. angepasst wurden, wenn die Schadenentwicklung einer Beobachtungseinheit über einen bestimmten Schwellenwert stieg. Beobachtungseinheiten sind die Teilbestände Männer, Frauen und Kinder. Da allein auslösendes Moment für eine Beitragsanpassung die Schäden waren (ab 2008 ist es zusätzlich die Entwicklung der Sterblichkeit), können Veränderungen anderer Faktoren wie der Stornowahrscheinlichkeiten zu Verlusten im Tarif führen, obwohl die Schadensteigerung unter dem festgelegten Schwellenwerten liegt. Im Rahmen einer gerichtlichen Auseinandersetzung zwischen einem Krankenversicherer und einem Kunden hat der BGH die Auslegung der Beitragsanpassungsklausel für nichtig erklärt und im Urteil festgeschrieben, dass nur noch in der Beobachtungseinheit angepasst werden darf, wo die Schadensteigerung über dem in den Bedingungen festgelegten Schwellenwert liegt. Das hat natürlich zur Folge, dass die Zeiträume zwischen den Beitragsanpassungen deutlich länger werden, dafür muss dann umso höher angepasst werden. Für die Unternehmen wirken sich die Folgen des BGH-Urteils deswegen negativ auf die Ertragslage aus.

Gegen ein solches Rechtsrisiko ist allerdings kein Kraut gewachsen, wenn es sich realisiert hat. Eine Absenkung der bedingungsgemäß festgelegten Schwellenwerte wäre ein Ausweg, der aber rechtlich sehr problematisch ist.

Vorbeugend wäre es aber denkbar gewesen, wenn das betroffene Unternehmen auf dem Instanzenweg sich auf Biegen und Brechen mit dem Kunden auf einen wie immer gearteten Vergleich geeinigt hätte, so dass der Rechtsstreit gar nicht bis zum BGH gegangen wäre.

Beispiel für die Auswirkungen des Urteils

Verfahrensweise vor dem BGH-Urteil vom 16.6.2004: Auslösende Faktoren (in einem Tarif bei einem Schwellenwert von 1,075): Männer 1,04, Frauen 1,07, Kinder 1,09. Es wird eine Beitragserhöhung durchgeführt, der jährliche Mehrbeitrag beträgt bei Männern 6 Mio. Euro, bei Frauen 3,2 Mio. Euro, bei Kindern 1,8 Mio. Euro.

Nach dem Urteil fehlen bei dieser Konstellation 9,2 Mio. Euro am Jahresergebnis. Diese müssen später nachgeholt werden. Das heißt, es kann überproportionale Beitragserhöhungen geben, die ein Reputationsrisiko nach sich ziehen können (siehe 4.5). So werden regelmäßige betragsmäßig geringe Erhöhungen von den Kunden eher akzeptiert als seltene hohe Beitragsanpassungen.

4.4 Kapitalanlagerisiken

4.4.1 Zinsänderungsrisiko und Marktrisiko

Beispiele für Risiken im Kapitalanlagebereich und ihre Auswirkung auf die Ertragslage von Versicherungen hat es vor allem in den letzten 10 Jahren einige gegeben. Die Eintrittswahrscheinlichkeit von Kapitalanlagerisiken mit schwerwiegenden Auswirkungen auf die Ertragslage ist hoch. Das haben sowohl die Jahre ab 2001 und im besonderen Maße die aktuelle Subprimekrise gezeigt.

Selbst eine zurückhaltende, in erster Linie auf festverzinslichen Wertpapieren basierende Kapitalanlagestrategie gibt keine Gewähr für absolute Sicherheit. Eine deutliche Zinserhöhung würde einem Versicherungsunternehmen mit der eben geschilderten Kapitalanlagestrategie erhebliche Probleme bereiten.

4.4.2 Liquiditätsrisiko

Es gehört an sich zu den Kapitalmarktrisiken, wird aber von der BaFin gesondert erwähnt, es bezeichnet das Risiko, dass ein Unternehmen nicht in der Lage ist, Anlagen und andere Vermögenswerte in Geld umzuwandeln, um seinen finanziellen Verpflichtungen bei Fälligkeit nachzukommen.

- Ein gravierendes Missverhältnis zwischen Aktiven und Passiven zeitigte 1999 verheerende Auswirkungen beim General American Life in St. Louis. Das Unternehmen war zum damaligen Zeitpunkt ein 66 Jahre alter Lebensversicherer mit einem Vermögen von 14 Mrd. USD. Das Unternehmen zählte zu den 50 größten Lebensversicherern in den USA. Am Freitag, den 30. Juli 1999, stufte Moody's Investors Service das Unternehmen bei der Beurteilung von Schulden und Finanzkraft mit einem Schlag von A2 auf A3 herab. Die Herabstufung löste eine schwerwiegende Vertrauenskrise aus, die dazu führte, dass der Versicherer innerhalb von zehn Tagen unter staatliche Aufsicht gestellt wurde.

- Dieser Krise lagen Schuldtitel im Umfang von 6,8 Mrd. USD zugrunde, die als kurzfristige Beleihungsverträge bekannt sind und von General American ausgegeben worden waren.

- Auf die Wertpapiere wurde eine konkurrenzfähige Rendite gezahlt. Zudem erhielten die Investoren die Zusicherung, sie mit einer siebentägigen Kündigungsfrist einlösen zu können. In der Vergangenheit hatten nur wenige Investoren – in der Regel Fondsmanager – von der Einlösungsklausel Gebrauch gemacht.

- Binnen weniger Stunden nach der Herabstufung forderten mehrere Fondsmanager Zahlungen von ungefähr 500 Mio. USD. General American, die liquide Vermögenswerte im Umfang von 2,5 Mrd. USD besaß, kam diesen Forderungen ohne Schwierigkeiten nach. Jedoch wollten andere Investoren innerhalb der nächsten Tage weitere Schuldverschreibungen im Wert von 4 Mrd. USD einlösen. Da General American nicht in der Lage war, Vermögenswerte entsprechend schnell genug zu verkaufen, ohne die Kapitalbasis ernsthaft zu gefährden, bat das Unternehmen darum, unter staatliche Aufsicht gestellt zu werden. Am 25. August stimmte der Versicherer einem Verkauf an MetLife zu.

4.4.3 Konzentrationsrisiko

Dieses Risiko bezeichnet sämtliche mit Risiken behaftete Engagements mit einem Ausfallpotenzial, das umfangreich genug ist, um die Solvabilität zu gefährden.

4.5 Das Reputationsrisiko

Die Reputation ist die Summe von Einzelerwartungen und -erfahrungen über die Vertrauenswürdigkeit und Kompetenz eines Unternehmens oder auch einer Person. Ein gutes Beispiel für Reputationsrisiken und eine Vertrauenskrise ist die aktuelle Subprimekrise. Die vom US-Subprime-Hypothekenmarkt ausgegangenen Verwerfungen am internationalen Kapitalmarkt belasten das globale Finanzsystem nun schon seit mehreren Monaten. Dies gilt sowohl für die Diagnose als auch für die Therapie. Zugespitzt formuliert, kommt die Deutsche Bundesbank daher in ihrem Stabilitätsbericht zu dem Ergebnis, dass die Finanzmarktturbulenzen nicht zuletzt auf einen Rückgang der Transparenz im Finanzsystem zurückzuführen sind. Und Intransparenz führt tendenziell zu abnehmendem Vertrauen bei allen Beteiligten. Dazu beigetragen haben erstens neue, oft schwer zu durchschauende Finanzinstrumente, zweitens neue und oft gar nicht oder kaum beaufsichtigte Marktakteure und drittens ein neues Geschäftsmodell, bei dem Kredite kreiert, dann verbrieft und schließlich an Investoren verkauft werden. Dieses Originate-and-distribute-Modell hat vor allem in den USA dazu beigetragen, dass zu viele risikoreiche Kredite ausgereicht wurden. Erst jetzt wird nach und nach klar, in welchen „Brief-Kästen", sprich: Portfolien, diese Risiken gelandet sind.

Ein Unternehmen oder eine Person kann dementsprechend erst dann eine gute oder schlechte Reputation haben, wenn sie oder es Gegenstand medialer Aufmerksamkeit und Berichterstattung ist. Der oft synonym gebrauchte Ruf bezeichnet im Unterschied dazu das Ansehen einer Person oder eines Unternehmens gegenüber bekannten Dritten. Der Ruf ist somit Produkt direkter Kommunikation und eine Folge dessen, was sich Mitarbeiter und andere Stakeholder „unter sich" über ein Unternehmen oder die dort tätigen Personen berichten. Einen Ruf hat jede natürliche oder juristische Person, über die gesprochen wird, eine Reputation hingegen nur solche, die Gegenstand öffentlicher Diskurse sind.

Demgegenüber ist der Begriff des Image für das Ansehen von Produkten reserviert. Eine Versicherung kann dementsprechend auch dann als reputiert gelten, wenn das Image eines ihrer Produkte, etwa eines Lebensversicherungsvertrags, eher negativ ist. Genauso können einzelne Produkte wegen ihres hervorragenden Images eine große Nachfrage produzieren, ohne dass dies zwangsläufig mit einer guten Reputation des jeweiligen Versicherungsunternehmens einhergehen müsste. Laut BaFin tritt es in der Regel im Zusammenhang mit anderen Risiken auf, so kann eine negative Wahrnehmung durch mangelhafte interne Prozesse, welche die Sachbearbeitung stören, bei den Kunden auftreten. Dies kann auch zu erheblichen negativen Auswirkungen auf die Vertriebsmannschaft führen, da im Regelfall Kontakt zwischen den Vermittlern und den Kunden des Unternehmens besteht. Ebenso können negative Nachrichten über das Unternehmen großen Schaden anrichten, wenn es über besondere Vertriebswege wie Banken oder Makler verfügt. Diese reagieren besonders sensibel, wenn ein Partner negative Schlagzeilen macht.

Ein sehr gutes Beispiel für eine nachhaltige Rufschädigung war Anfang der 90er-Jahre der Auftritt eines „weinenden Rentners" in den Tagesthemen, der den Versicherungsschein seines Krankenversicherers hochhielt und weinend erklärte, dass er nach einer erfolgen Beitragserhöhung seinen Beitrag nicht mehr zahlen könne, weil der Beitrag höher sei als seine Rente. Der Auftritt wurde von allen möglichen Medien übernommen und weiterverbreitet. Wie sich herausstellte, war der Sachverhalt ganz anders als dargestellt[81], aber der Schaden war eingetreten, und zwar nicht nur für das Unternehmen selbst, sondern für die gesamt private Krankenversicherung. Das Schadenausmaß (nicht gemachtes Neugeschäft, vermehrter Schriftwechsel mit Kunden) in diesem Fall war selbstverständlich nicht messbar.

4.6 Darstellung der genannten Risiken in einer Risikolandkarte

Die geschilderten Risiken lassen sich nur zum Teil messen. Sie lassen sich aber überwiegend grob abschätzen.

Strategische Risiken

Die drei geschilderten Risiken in 4.1 lassen sich wie folgt kommentieren und dann beispielhaft in eine Risikolandkarte eintragen:

4.1.1 Ein Gesetzgebungsrisiko („aufgezwungene Strategie"), welches in vergleichbarer Form ständig besteht (siehe WSG). Es zwingt die Unternehmen, sich permanent auf ein verändertes Umfeld einzustellen. Die Wahrscheinlichkeit des Eintritts ist hoch und die Schadenausmaße sind potenziell hoch.

4.1.2 Die Gründung neuer Unternehmen, gleich welcher Sparte, ist ein Risiko, welches relativ häufig vorkommt. Wie man in der Vergangenheit ge-

---

[81] Der Versicherte hatte zwar eine niedrige Angestelltenrente, war aber sehr wohlhabend.

sehen hat, ist das Risiko nicht unerheblich. Überwiegend sind die in den letzten Jahrzehnten gegründeten Unternehmen jedoch keine Millionengräber geworden, das finanzielle Risiko kann im mittleren Bereich eingestuft werden.

4.1.3 Anders als bei inländischen Unternehmensgründungen ist das finanzielle Risiko sehr hoch, wie die vergangenen Jahre zeigen. Die meisten Auslandsengagements endeten mit einem finanziellen Verlust, zum Teil mit ruinösen Auswirkungen auf die Muttergesellschaft.

Die versicherungstechnischen Risiken

4.2.1 Die geschilderten Risiken sind in der Regel messbar. Ihre Eintrittswahrscheinlichkeit ist hoch. Im Bereich der Kfz-Versicherung sind sie Folge von Entscheidungen mit dem Ziel höherer Marktanteile.

In der Lebensversicherung ist die von der Gesetzgebung (Alterseinkünftegesetz) vorgegebene Produktentwicklung in Richtung Rentenversicherung als Risiko eingetreten; die materiellen Auswirkungen sind – wie man schon in der Vergangenheit gesehen hat – hoch, da mit einer weiteren Verlängerung der durchschnittlichen Lebenserwartung gerechnet werden muss. Dem später sehr wahrscheinlich erforderliche Nachreservierungsbedarf ist mit einer vorausschauenden RfB-Politik zu begegnen.

In der Krankenversicherung ist eines der großen versicherungstechnischen Risiken der Basistarif, den die Unternehmen im Rahmen des Wettbewerbsstärkungsgesetzes einführen müssen, soweit sie die Krankheitskostenvollversicherung betreiben. Nach den bisherigen Erkenntnissen besteht in diesem Tarif eine erhebliche Unterdeckung, da überwiegend schlechte Risiken in diesem Tarif versichert werden und darüber hinaus der Beitrag auf den Höchstbeitrag der GKV gekappt wird und bei „Bedürftigen" eine weitere Kappung erfolgt. Das Ausmaß des Gesamtrisikos wird man erst in den ersten Monaten des Jahres 2009 sehen, wenn feststeht, wie viele Rückkehrer „in die private Krankenversicherung" kommen. Mindestens zwei Unternehmen haben bereits Konsequenzen aus den Erkenntnissen gezogen und werden den Vollversicherungsbestand an ein anderes Unternehmen abgeben bzw. das ganze Krankenversicherungsunternehmen verkaufen. Diese Technik der Risikovermeidung können natürlich nur Unternehmen machen, für die die Krankheitskostenvollversicherung ein unbedeutendes Geschäftsfeld ist.

4.2.1 Antiselektionseffekte lassen sich aufgrund von Erfahrungswerten messen. Sie können – wie sich gezeigt hat – zu erheblichen Verlusten führen. Im Regelfall dürften sie allerdings nicht existenzgefährdend sein.

4.2.3 Stückzahlrisiken verursachen im Regelfall hohen Schaden und Schadenregulierungsaufwand. Sie verursachen häufig auch fehlerhafte Geschäftsprozesse. Vermutlich besteht ein direkter Zusammenhang zwischen der Belastung durch Verwaltung und Schadenregulierungskosten und der Vielzahl von Tarifen.

Operationelle Risiken

Aufgrund der gewachsenen Erfahrung der letzten Jahrzehnte, und zwar sowohl im Projektmanagement als auch in der IT, sind wirklich verlustträchtige und gefährliche Mängel in den Geschäftsprozessen eher selten geworden. Das Schadenausmaß hält sich in Grenzen.

Anders zu bewerten sind Risiken aus der Rechtsprechung. Allein das vorliegende Beispiel des BGH-Urteils zur Beitragsanpassung zeigt dies. Aber auch eine Reihe anderer Urteile (BGH-Urteil zu den stillen Reserven, Urteile zur Schadenregulierungspraxis in der Krankenversicherung) zeigen dies.

Kapitalanlagerisiken

Seit Ende der 90er-Jahre kann man von einer hohen Eintrittswahrscheinlichkeit von Kapitalanlagerisiken sprechen mit, wie sich mehrfach gezeigt hat, erheblichen finanziellen Folgen bis hin zum Ruin von Unternehmen.

Reputationsrisiken

Sie werden häufig unterschätzt, zum Teil erfolgt der Reputationsverlust „schleichend" (etwa bei negativer Mund-zu-Mund-Propaganda bei Kunden) und ist dann nachhaltig. Das Beseitigen der Folgen ist mühsam. Auch das unter 4.5 aufgezeigte Beispiel zeigt, dass sogar eine unwahre Darstellung erheblichen Schaden anrichten kann, wenn sie Eingang in die einschlägigen Medien findet. Im geschilderten Fall war die Schadenbegrenzung äußerst mühsam und langwierig.

In der Zukunft werden sich Unternehmen vor allem verstärkt mit Reputationsrisiken in „virtuellen Welten" beschäftigen müssen. Zunächst wird ein Thema nur im kleinen „virtuellen" Rahmen diskutiert, bevor es schließlich von den Massenmedien aufgegriffen wird. In der Blogsphäre (Gesamtheit aller Weblogs) ist ein selbstreferentielles Netzwerk an gegenseitigen Verweisen entstanden, wodurch Reputationsthemen relativ schnell verbreitet werden und im Internetgedächnis lange gespeichert bleiben.[82]

---

[82] Vgl. Romeike, F. (2008): Reputationsrisiken: Ist der Ruf erst ruiniert ..., in PAY 01/2008.

4.7 Zusammenfassung

Die folgende Einordnung der geschilderten Risikokategorien und die abgebildete Risikolandkarte kann als idealtypisch für die gesamte Assekuranz angesehen werden. Von Unternehmen zu Unternehmen sieht die Risikolage durchaus unterschiedlich aus. So ist in einer Versicherungsgruppe mit einem nur unbedeutenden Krankenversicherungsunternehmen das sozialpolitische Risiko hinsichtlich der Krankenversicherung fast belanglos. Die Darstellung der Risiken soll bezogen auf die gesamte Branche gesehen werden. So würde eine erhebliche Beeinträchtigung der privaten Krankenversicherung der gesamten Versicherungswirtschaft über alle Sparten nachhaltig schädigen (schon der mögliche Einkommensausfall für den Außendienst wäre eine erhebliche Beeinträchtigung).

Die Einordnung der Erheblichkeit von Risiken soll gemäß Kapitel 3.2.2.1 (Relevanzskala) erfolgen (Tabelle 6).

Risikokategorie	Messbarkeit	Risikoerheblichkeit	Relevanz im Durchschnitt Geschildertes Risiko
strategische Risiken u. a. Vorstandsanteil externe Risiken (sozialpolitische, steuerliche Rahmenbedingungen)	eher nicht gegeben	oft sehr hoch, bis zur Existenzbedrohung	4.1.1 → 5 4.1.2 → 2 4.1.3 → 4
versicherungstechnische Risiken	eher ja	meist tragbar, nur gelegentlich sehr hoch	4.2.1 → 2 4.2.2 → 2 4.2.3 → 2
operationelle Risiken u. a. fehlerhafte Geschäftsprozesse, Rechtsprechungsrisiken, unzureichend geschultes Personal	oft nicht	meist tragbar selten sehr hoch	4.3.1 → 1 4.3.2 → 3
Kapitalanlagerisiken (inkl. Konzentrations- und Liquiditätsrisiken)	meist ja	nicht immer begrenzt in einigen Fällen sehr hoch bis zur Existenzbedrohung	4.4 → 4
Reputationsrisiko	nein	können hoch sein	4.5 → 2

Tabelle 6: Einordnung der Erheblichkeit von Risiken

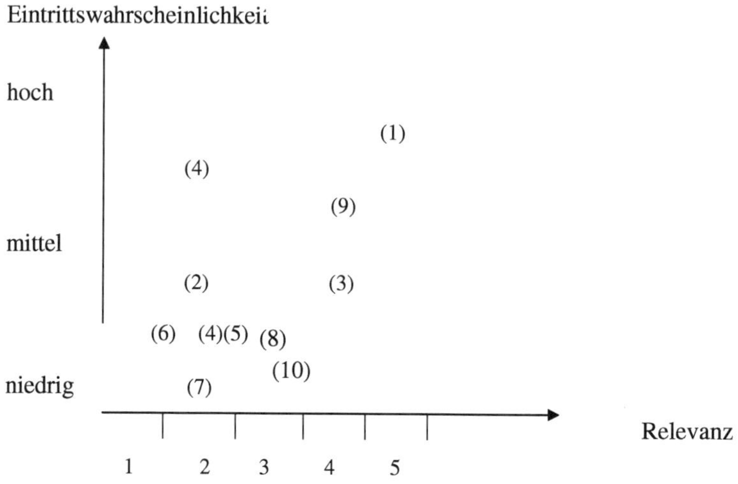

Eintrittswahrscheinlichkeit

```
hoch │
         (4)           (1)
mittel │        (9)
         (2)    (3)
       (6) (4)(5) (8)
niedrig    (7)    (10)
       └─┬───┬───┬───┬───┬──────→ Relevanz
         1   2   3   4   5
```

Abbildung 14: Risikolandkarte

	Relevanz	Nummer in der Risikolandkarte
4.1.1	5	(1)
4.1.2	2	(2)
4.1.3	4	(3)
4.2.1	2	(9)
4.2.2	2	(5)
4.2.3	2	(6)
4.3.1	1	(7)
4.3.2	3	(8)
4.4	4	(9)
4.5	2	(10)

Tabelle 7: Erläuterung zur Risikolandkarte

4.8 Das Wettbewerbsstärkungsgesetz und das Alterseinkünftegesetz

Zwei aktuelle Risiken, welche die Personenversicherungssparten vor große Herausforderungen stellen, sollen hinsichtlich der einzelnen Risikokategorien dargestellt werden. Für die Lebensversicherung ist dies das Alterseinkünftegesetz, welches zum 1.1.2005 in Kraft getreten ist, und für die Krankenversicherung ist dies das Wettbewerbsstärkungsgesetz (in seiner letzten Stufe), welches zum 1.1.2009 in Kraft getreten ist. Beide Gesetze verändern die Risikolage sowohl der Lebens- als auch der Krankenversicherung erheblich.

4.8.1 Das Wettbewerbsstärkungsgesetz

Als Gesamtrisiko gehört es zu den sozialpolitischen Risiken. Die Eintrittswahrscheinlichkeit ist 100 %, das Schadenausmaß schwer abschätzbar, auf jeden Fall aber hoch, möglicherweise sogar mit langfristig ruinösen Auswirkungen. Es lässt sich in eine Vielzahl von Einzelrisiken zergliedern.

Das strategische Risiko

Durch die Erschwerung des Neuzugang schon in 2007 für Arbeitnehmer (Dreijahresregelung) und ab 2009 auch für Selbstständige (Senkung des Mindestbeitrages für Selbstständige) wird der Neuzugang in der Vollversicherung voraussichtlich deutlich abnehmen. Da die Vollversicherung zusammen mit der Pflegeversicherung mit rd. 78 % an den Beitragseinnahmen der wichtigste Volumenträger in der PKV ist, wird es möglicherweise langfristig zu einer deutlichen Reduktion der Vollversicherung kommen, dies auch unter dem Aspekt der Bundestagswahlen 2009. Es darf nicht vergessen werden, dass der Gesundheitsfonds aus Sicht mindestens einer Partei die Infrastruktur für die „Bürgerversicherung" ist. Für das Management einer Versicherungsgruppe kommt es jetzt auf die „richtige" Reaktion an, vor allem dann, wenn in der betroffenen Gruppe die Krankenversicherung dominant ist. Ist dies nicht der Fall, kann über einen Verkauf oder den Teilverkauf der Vollversicherungsbestände nachgedacht werden und das Krankenversicherungsgeschäft über eine Kooperationslösung weiterbetrieben werden.

Ist die Krankenversicherung dominant, muss selbstverständlich das Zusatzgeschäft mit geeigneten Methoden stark forciert werden, was allerdings keinen vollen Ausgleich für die möglichen Einbußen beim Vollversicherungsgeschäft geben dürfte. Engste Kooperation mit einer GKV, auch mit

Einbeziehung in die Gruppe wäre denkbar, und auch die Einführung neuer Sparten soweit diese noch nicht betrieben werden.

Versicherungstechnisches Risiko

Zwei wesentliche Risiken sind zu sehen: Einmal ist dies die Einführung eines sogenannten Basistarifs, zum anderen die Einführung eines modifizierten Tarifwerks zum 1.1.2009, welches die teilweise Portabilität der Alterungsrückstellung vorsieht.

Der Basistarif (mehre Tarifvarianten, unter anderem auch für Beamte) sieht ein Leistungsspektrum vor, welches dem der GKV entspricht. Die Unternehmen müssen jeden Antragsteller unabhängig von seinem Gesundheitszustand aufnehmen, ohne die Möglichkeit eines Leistungsausschlusses oder eines Risikozuschlags. Darüber hinaus wird der Beitrag auf den Höchstbeitrag der gesetzlichen Krankenversicherung begrenzt. Für „Bedürftige" wird er sogar auf den halben Höchstbeitrag begrenzt, in bestimmten Fällen sogar auf ein Viertel. Auch wenn ein Finanzausgleich zwischen den Unternehmen vorgesehen ist, kann man davon ausgehen, dass der Tarif Verluste einfährt. Die Größenordnung des Verlustes hängt davon ab, wie viele Versicherte in diesen Tarif kommen werden. Das mögliche Ausmaß kann man erst abschätzen, wenn die ersten 6 Monate des Jahres 2009 vorüber sind.

Die neue Tarifgeneration ab 1.1.2009 sieht die teilweise Portabilität der Alterungsrückstellung bei Unternehmenswechsel vor. Maßstab für den Übertragungswert ist die fiktive Alterungsrückstellung des zugeordneten Basistarifs. Die Portabilität kann künftig – vor allem nach Beitragsanpassungen – zur erheblichen Destabilisierung der Bestände des abgebenden Unternehmens führen, weil wegen der Gesundheitsprüfung im aufnehmenden Unternehmen es zu erheblichen Antiselektionseffekten kommen kann. Dieses Risiko kann man als besonders hoch einschätzen.

Operationelle Risiken

Wie eben erwähnt ist der Basistarif Maßstab für den Übertragungswert in der neuen Tarifwelt ab 1.1.2009. Das stellt die IT-Abteilung vor erhebliche Herausforderungen. Es bedeutet nämlich, dass der Basistarif sozusagen als „Schattentarif" neben dem realen Bestand mitgeführt werden muss.

Ein weiteres Problem ist die Handhabung der Portabilität der Alterungsrückstellung.

Kapitalanlagerisiken

Je nachdem, wie die vorgesehene Portabilität das Wechselverhalten der Versicherten beeinflussen wird, kann sich dies auf die Kapitalanlagepolitik auswirken. Wenn z. B. aus Anlass einer Beitragsanpassung eine größere Anzahl von Versicherten beschließt, das Unternehmen zu verlassen, kann sich dies erheblich auf die Liquiditätsplanung des Unternehmens auswirken.

Wie negativ sich das Wettbewerbsstärkungsgesetz auswirken wird, ist ungewiss; vieles wird vom Ausgang der Wahlen in 2009 abhängen. Offen ist auch, welche Handhabung des strategischen Risikos die richtige ist.

4.8.2 Das Alterseinkünftegesetz

Das Risiko ist schon eingetreten, wobei die Unternehmen unterschiedlich damit umgegangen sind. Es lässt sich in mehrere Einzelrisiken untergliedern.

Das strategische Risiko

Durch die veränderte Situation hinsichtlich der steuerlichen Förderung waren die Unternehmen gezwungen, ihre wesentlichen Produktangebote auf Rententarife in verschiedenen Ausprägungen umzustellen. Je nach Größe des Unternehmens musste auch entschieden werden, ob ein Unternehmen Riester-Produkte anbietet. Wegen der niedrigen Durchschnittsbeiträge und der aufwändigen Verwaltung lohnt sich dieses Produkt wahrscheinlich nur, wenn man sehr große Stückzahlen generiert mit einer möglichst vollautomatisierten Verwaltung. Dies ist mit einem sehr hohen IT-Aufwand verbunden, der sich bei kleineren Stückzahlen nicht rechnet. Für kleinere und mittlere Unternehmen ist daher die Frage gewesen, ob man „Riester" überhaupt anbieten soll oder dem Außendienst über eine Kooperationslösung dieses Produkt bereitstellt.

Das versicherungstechnische Risiko

Die Umstellung der Rententarife hat erhebliche Auswirkungen auf die Risikoexposition der Unternehmen. Das Langlebigkeitsrisiko der Rententarife ist schwieriger zu handhaben als das Todesfallrisiko. Die Vergangenheit hat gezeigt, dass die Lebenserwartung stetig steigt, und wiederholt waren nicht unerhebliche Nachreservierungen der Deckungsrückstellung erforderlich. Eine vorsichtige Politik hinsichtlich der Überschussbeteiligung ist hier als Risikohandhabung angezeigt.

Das operationelle Risiko

Auch hier war vor allem die IT-Abteilung gefordert; darüber hinaus waren umfassende Schulungen der Mitarbeiter sowohl des Innen- als auch des Außendienstes erforderlich.

Kapitalanlagerisiken

Wegen der extremen Langfristigkeit von Rentenverträgen ist das gesamte Kapitalanlagerisiko nochmals gestiegen.

Inwieweit die Lebensversicherungsunternehmen die Änderung der Risikolage durch das Alterseinkünftegesetz bewältigt haben, lässt sich abschließend nicht beurteilen. Die schwache Entwicklung der Branche in den letzten Jahren könnte zum Schluss führen, dass viele Unternehmen noch unter „Spätfolgen" des Gesetzes leiden.

5 Risikomaße in der Praxis

5.1 Kennzahlen des Risikos

Um den Risikogehalt eines einzelnen Risikos zu quantifizieren, d. h. um Risiken in Zahlenwerten abzubilden, eignen sich Risikomaße. Darunter sind Kennzahlen zu verstehen, die dem Risikogehalt einer Position oder Variablen einen numerischen Wert zuordnen und damit eine Vergleichbarkeit von Handlungsalternativen hinsichtlich ihres Risikogehalts ermöglichen. Im mathematischen Sinne ist ein Risikomaß eine Abbildung der Zufallsvariablen auf reelle Zahlen. Dazu zählen *Lage-* und *Streuungsparameter, Ausfallrisiko-* und *Zusammenhangsmaße*. Um das Risikopotenzial eines Versicherers zu quantifizieren, müssen Risikomaße folgende inhaltliche Anforderungen erfüllen:[83]

1. *Erfassung wesentlicher Risikoaspekte:* Alle wesentlichen Risikofaktoren und ihre Ausprägungen sollen einbezogen und konsistent bewertet werden.

2. *Messung in monetären Einheiten:* Für den direkten Vergleich des ermittelten Risikopotenzials mit dem vorhandenen Sicherheitskapital soll die Dimension der Risikomaße Geldeinheiten betragen.

3. *Anschauliche Interpretierbarkeit:* Für die Kommunikation im Unternehmen und mit der BaFin sollten die Risikomaße verständlich und interpretierbar sein.

4. *Praktikabilität:* Risikomaße sollten möglichst leicht zu ermitteln sein.

5. *Aussagefähigkeit:* Für den zwischenbetrieblichen Vergleich sollten die Determinanten der Risikomessung eindeutig und willkürfrei bestimmbar sein.

5.1.1 Lageparameter

Die Lageparameter beschreiben die Konzentration einer Verteilung. Zu ihnen gehören:

- *Erwartungswert*

    = Durchschnitt der Ergebnisse bei einer genügend großen Anzahl an Versuchen.

---

[83] Vgl. Schierenbeck, H. (2006), Risk Controlling in der Praxis: Rechtliche Rahmenbedingungen und geschäftspolitische Konzeptionen in Banken, Versicherungen und Industrie, S. 200.

Für eine stetige Zufallsvariable X mit der Verteilungsfunktion F_X ist der Erwartungswert $(E(X))$ definiert als:

$$E(X) = \int x \, dF_X(x) = \int x f(x) dx$$

Für eine diskrete Zufallsvariable ist der Erwartungswert definiert als:

$$E(X) = \sum_{i=1}^{N} x_i p(x_i)$$

- *Arithmetisches Mittel*

  = Mittelwert von n Stichproben

  $$\bar{x} = \frac{1}{n} \sum_{i=1}^{n} x_i$$

- *Modus*

  = der Erfahrungswert, der am häufigsten vorkommt

- *α-Quantil*

  = der Wert $Q_\alpha(X)$ mit $\alpha \in [0,1]$, der folgende Ungleichungen erfüllt:

  $P(X < Q_\alpha(X)) \le \alpha$ und $P(X > Q_\alpha(X)) \le 1 - \alpha$

- *Median*

  = das 50%-Quantil

5.1.2 Streuungsparameter

Streuungsparameter geben an, wie stark die Werte vom Erwartungswert abweichen.

- *Varianz und Standardabweichung*

  $$V(X) = \sigma^2 = \int (x - E(X))^2 dF(x) = \int (x - E(X))^2 f_X(x) dx$$

  Die Varianz, die das Ausmaß der quadrierten Abweichung vom Erwartungswert abbildet, misst die Streuung der Ergebnisse um den Erwartungswert. Jedoch wurde dieses Vorgehen der Risikomessung vielfach kritisiert, da die Varianz die Abweichung der Realisation vom Erwartungswert nicht nur nach unten, sondern auch nach oben misst. Das entspricht nicht dem Risikoverständnis der meisten Entscheidungsträger, die lediglich die Abweichung nach unten, also das ökonomisch relevante Risiko, interessiert.

  Die Standardabweichung ist die Wurzel aus der Varianz bzw. die durchschnittliche Abweichung aller Werte vom Erwartungswert.

  $$\sigma(X) = \sqrt{V(X)}$$

- *Variationskoeffizient*

  = der Quotient aus Standardabweichung und Erwartungswert.

  $$VK(X) = \frac{\sqrt{V(X)}}{E(X)} = \frac{\sigma}{E(X)}$$

- *Volatilität*

  = die annualisierte Standardabweichung. Sie wird häufig bei Zeitreihen betrachtet.

- *Spannweite*

  = die Differenz zwischen größt- und kleinstmöglichem Wert.

- *Schiefe*

  Die Schiefe beschreibt, ob eine Verteilung, verglichen mit der Normalverteilung, nach links oder rechts verzogen ist. Kurve b (c) in Abbildung 155 zeigt eine gegenüber der Normalverteilung (Kurve a) nach rechts (links) verzogene Verteilung.

  $$\lambda_1 = \frac{\frac{1}{n}\sum_{i=1}^{n}(x_i - \bar{x})^3}{s^3} \qquad \text{linksschief für } \lambda_1 < 0, \text{ rechtsschief für } \lambda_1 > 0$$

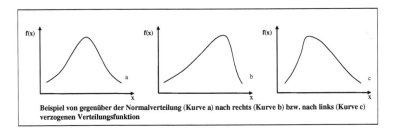

Beispiel von gegenüber der Normalverteilung (Kurve a) nach rechts (Kurve b) bzw. nach links (Kurve c) verzogenen Verteilungsfunktion

Abbildung 15: Schiefe von Verteilungsfunktionen

- *Wölbung*

  Die Wölbung gibt an, ob eine Verteilung, verglichen mit der Normalverteilung, flacher oder steiler ist. Gegenüber der Normalverteilung (Kurve a) in Abbildung 16 ist die Verteilung b gestreckt und die Verteilung c gestaucht.

$$\gamma_2 = \frac{\frac{1}{n}\sum_{i=1}^{n}(x_i - \bar{x})^4}{s^4}$$

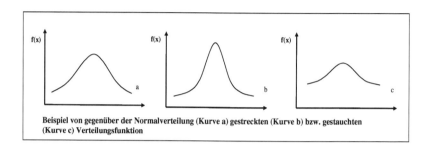

Beispiel von gegenüber der Normalverteilung (Kurve a) gestreckten (Kurve b) bzw. gestauchten (Kurve c) Verteilungsfunktion

Abbildung 16: Wölbung einer Verteilungsfunktion

5.1.3 Zusammenhangsmaße

Zusammenhangsmaße beschreiben die Interdependenzen zwischen verschiedenen Risiken. Sie geben Aufschluss darüber, ob sich Risiken gegenseitig mildern oder vergrößern.

- *Kovarianz*

    Die Kovarianz misst die Abhängigkeit zweier Zufallsvariablen X und Y. Sind diese stochastisch unabhängig, ergibt sich eine Kovarianz von null. Umgekehrt folgt jedoch aus $COV(X,Y) = 0$ nicht zwangsläufig, dass X und Y unabhängig sind.

    $$COV(X,Y) = E((X - E(X))(Y - E(Y))) = E(X \cdot Y) - E(X)E(Y)$$

- *Korrelationskoeffizient*

    Das dimensionslose Maß beschreibt den Grad des linearen Zusammenhangs zwischen mindestens zwei Zufallsvariablen X und Y. Dabei kann der Korrelationskoeffizient Werte zwischen -1 und 1 annehmen (vgl. Abbildung 17). Bei einem Wert von +1 (bzw. -1) besteht ein vollständig positiver (bzw. negativer) linearer Zusammenhang zwischen den betrachteten Zufallsvariablen. Ist der Wert des Korrelationskoeffizienten null, hängen die Zufallsvariablen nicht linear voneinander ab.

$$\rho(X,Y) = COV\left(\frac{X-E(X)}{\sqrt{V(X)}}, \frac{Y-E(Y)}{\sqrt{V(Y)}}\right) = \frac{COV(X,Y)}{\sqrt{V(X)V(Y)}}$$

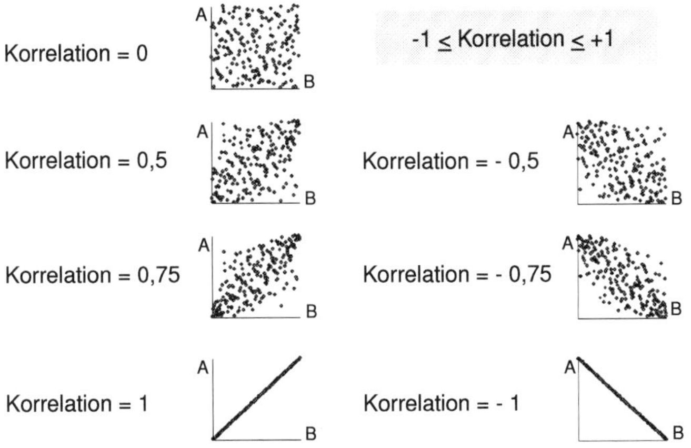

Abbildung 17: Korrelationskoeffizient

5.2 Ausfallrisikomaße

Um die Solvabilitätsanforderungen messen zu können, benötigen wir Ausfallrisikomaße. Sie geben an, wie viel Sicherheitskapital bereitgestellt werden muss, um mögliche Verluste zu einem Konfidenzniveau (beispielsweise 99%) tragen zu können. Im Folgenden werden Eigenschaften von Risikomaßen diskutiert, die in der Literatur als „wünschenswert" erachtet werden.

5.2.1 Das Axiomensystem für kohärente Risikomaße nach Artzner et al.

5.2.1.1 Translationsinvarianz

Sei ρ das Risikomaß. Dieses Axiom verlangt für alle Risiken X:

ρ(X + a) = ρ(X) + a.

Translationsinvarianz heißt: Wenn der Periodenverlust um a höher ausfällt, muss das Sicherheitskapital auch um a erhöht werden. Falls a negativ ist, handelt es sich statt eines sicheren Verlusts um eine Kapitalzuführung, die eine Risikoreduktion nach sich zieht. Dieses Axiom ist nur sinnvoll für Risikomaße, die den Sicherheitskapitalbedarf beschreiben.

5.2.1.2 Positive Homogenität

Das Axiom „positive Homogenität" verlangt für $\lambda \geq 0$, dass

$$\rho(\lambda X) = \lambda \rho(X)$$

gilt. Positive Homogenität bedeutet, dass der Risikogehalt proportional zum Volumen des Risikos wächst. So verzehnfacht sich der Risikogehalt beim Kauf von 10 Aktien einer Firma anstatt einer Aktie. Das heißt, der mögliche Verlust ist 10-mal so hoch, als würde man nur eine Aktie kaufen.

Im Versicherungskontext kann positive Homogenität nicht auf den Zusammenhang zwischen Einzelschäden und Gesamtschaden bezogen werden, denn bei zehn gegen Sturmschäden versicherten Häusern muss nicht das zehnfache des Sicherheitskapitals bereitgehalten werden, das für die Versicherung eines Hauses benötigt wird. Schließlich wirken bei homogenen Risiken (d. h. sie sind unabhängig und identisch verteilt) Diversifikationseffekte. Anders verhält es sich, wenn man zehnmal dasselbe Haus versichert. Dann muss sehr wohl das zehnfache des Sicherheitskapitals bereitgestellt werden.

5.2.1.3 Monotonie

Das Axiom „Monotonie" verlangt für zwei Risiken X, Y mit $X \leq Y$, dass gilt:

$$\rho(X) \leq \rho(Y).$$

Monotonie bedeutet, dass ein Risiko X, welches immer geringere Schäden als Y verursacht, auch ein entsprechend geringeres Verlustpotenzial birgt. Es muss also für X weniger Sicherheitskapital bereitgestellt werden, als für Y.

5.2.1.4 Subadditivität

Für zwei Risiken X, Y soll nach dem Axiom der Subadditivität gelten:

$$\rho(X + Y) \leq \rho(X) + \rho(Y).$$

Wenn bei der Zusammenführung zweier Risiken die Gesamtrisikoposition die Summe der Einzelrisikopositionen nicht übersteigt, wird von subadditiven Risiken gesprochen. Artzner et al. nennen folgende Beispiele für die Bedeutung des Axioms in verschiedenen Zusammenhängen:[84]

---

[84] Vgl. Artzner et al. (2002), Coherent Measures of Risk, S. 152.

- ➢ Wenn die Subadditivität nicht gefordert werden würde, könnte beispielsweise ein Investor an der Börse mehrere Konten eröffnen und bräuchte einen geringeren Mindestdeckungsbetrag, als wenn er nur ein Konto hätte.
- ➢ Auch ein Unternehmen könnte sich in mehrere Tochterunternehmen aufsplitten und würde so das benötigte Risikokapital senken.
- ➢ Ohne Subadditivität wäre zudem auch das Insolvenzrisiko eines Unternehmens größer, wenn es zwischen mehreren Tochterunternehmen keine „Firewalls" gäbe; das heißt, obwohl diese das Mutterunternehmen im Rücken hätten und das Insolvenzrisiko damit sozusagen diversifiziert würde, müssten die Unternehmen eine Insolvenz mehr fürchten, als wenn sie als einzelne Unternehmen im Markt agieren würden.
- ➢ Schließlich führen Artzner et al. an, dass ohne Subadditivität keine Obergrenze für das Risikokapital kalkuliert werden kann, wenn verschiedene Zweige des Unternehmens ihr individuelles Risikokapital angeben. Dieses Problem ist vor allem bei Unkenntnis einer gemeinsamen Verteilung keineswegs trivial, wie beispielsweise Tasche ausführt.[85] Wenn allerdings Subadditivität gilt, ist die Summe der Einzelkapitale die natürliche Beschränkung des gesamten Sicherheitskapitals einer Firma.

Gegen Subadditivität beim Insolvenzrisiko kann eingewendet werden, dass in den letzten Jahren durch Fusionen die Risikolage einzelner Unternehmen entgegen vorheriger Prognosen schlechter geworden ist, folglich Diversifikationseffekte beim Insolvenzrisiko nicht zwingend greifen müssen. Bei abhängigen Risiken ist die Subadditivität ein Problem. Wenn beispielsweise zwei Häuser in der gleichen Gegend gegen einen Elementarschaden wie Erdbeben versichert werden sollen, muss der Versicherer auf jeden Fall ein Sicherheitskapital vorhalten, das mehr als das Doppelte des Sicherheitskapitals für die Versicherung eines Hauses beträgt, da hier sozusagen ein umgekehrter Diversifikationseffekt eintritt.

Risikomaße heißen *kohärent*, wenn sie translationsinvariant, positiv homogen, monoton und subadditiv sind.

---

[85] Vgl. Tasche (2002), Expected Shortfall and Beyond, S. 1526.

5.2.2 Value at Risk (VaR)

Seit einigen Jahren wird der Value at Risk zur Überwachung und Messung von Markt- und Zinsrisiken insbesondere im Finanzdienstleistungsbereich eingesetzt. Dabei stellt der VaR die in Geldeinheiten gemessene negative Veränderung eines Wertes dar, die innerhalb eines festgelegten Zeitraums mit einem bestimmten Konfidenzniveau (beispielsweise einer Wahrscheinlichkeit von 99,9 %) nicht überschritten wird.[86]

Beschreibt die Zufallsvariable V_t den Wert eines Portfolios zum Zeitpunkt $t \geq 0$, wobei $\alpha \in (0,1)$, dann ist der Value at Risk $VaR_\alpha(t)$ zum Konfidenzniveau α über einen Zeitraum der Länge t durch folgende Wahrscheinlichkeit definiert:

$$P(V_t - V_0 \leq VaR_\alpha(t)) = \alpha.$$

Dies ist äquivalent zu

$$P(V_0 - V_t < VaR_\alpha(t)) = 1 - \alpha.$$

Mit anderen Worten: ein Unternehmen muss freie Mittel der Höhe $VaR_\alpha(t)$ besitzen, um einen Verlust der Höhe $100 \times (1 - \alpha)\%$ ausgleichen zu können.

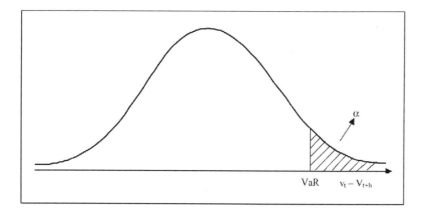

Abbildung 18: Value at Risk

---

[86] Vgl. Romeike, F. (2004): Lexikon Risiko-Management, S. 145.

Vorteile des VaR:
- ➢ einfach
- ➢ anschaulich
- ➢ VaR steht in Beziehung mit der Ruinwahrscheinlichkeit.

Nachteile des VaR:
- ➢ VaR ist kein kohärentes Risikomaß.
- ➢ Keine Berücksichtigung der Gesamtschadenverteilung, insbesondere riskant bei Verteilungen mit „heavy tails", wie beispielsweise bei der Pareto-Verteilung.

Insbesondere auch die Verwendung historischer Daten als Grundlage für die Abschätzung zukünftiger Ereignisse kann dazu führen, dass nicht alle potenziellen Ereignisse erfasst werden, insbesondere solche, die ihrer Natur nach extrem sind („heavy tails"). Außerdem kann die Annahme, dass Änderungen in den Risikofaktoren einer Normalverteilung oder logarithmischen Normalverteilung folgen, sich im konkreten Fall als nicht zutreffend erweisen und zu einer Unterschätzung der Wahrscheinlichkeit von extremen Risikoveränderungen führen.

In diesem Kontext ist insbesondere darauf hinzuweisen, dass der VaR nicht den maximalen Verlust eines Portfolios angibt, sondern den Verlust, der mit einer vorgegebenen Wahrscheinlichkeit (Konfidenzniveau) nicht überschritten wird, durchaus aber überschritten werden kann.[87] Insbesondere ist bei einem exakten VaR-Modell beispielsweise bei einem Konfidenzniveau von 99% gerade in 1 von 100 Fällen ein größerer Verlust als der durch den VaR prognostizierte Verlust „erwünscht", da nur dann der VaR ein guter Schätzer ist; andernfalls überschätzt der VaR das Risiko, wenn in weniger als 1 von 100 Fällen der tatsächliche Verlust größer ist als der durch den VaR prognostizierte Verlust bzw. unterschätzt der VaR das Risiko, wenn in mehr als 1 von 100 Fällen der tatsächliche Verlust größer ist als der durch den VaR prognostizierte Verlust.[88]

---

[87] Nicht selten wird der Value at Risk in der Literatur als maximaler Verlust interpretiert. Dies ist unzutreffend.
[88] Gleißner, W./Romeike, F. (2007): Grundlagen und Grundbegriffe einer risikoorientierten Unternehmensführung, S. 79.

5.2.3 Expected Shortfall (Tail Value at Risk)

Der Expected Shortfall gibt den erwarteten durchschnittlichen Verlust an, der mindestens so groß ist, wie der Value at Risk. Dabei entsprechen die Bezeichnungen denen des VaR für das Intervall [0,t] zum Konfidenzniveau α.

$$ES_\alpha(t) = E(V_0 - V_t \mid V_0 - V_t \geq VaR_\alpha(t))$$

Der Expectet Shortfall ist im Vergleich zum Value at Risk das sinnvollere Risikomaß.[89] Zum einen unterschätzt der Value at Risk die möglichen Verluste, da er den Wert des geringsten Verlusts angibt. Der Expected Shortfall gibt hingegen den durchschnittlichen Verlust der schlechtesten Fälle an. Zum anderen ist der Expected Shortfall subadditiv. Das bedeutet, dass der ES beim Addieren zweier Risiken $X + Y$ nicht größer wird:

$$ES_\alpha^{X+Y}(t) \leq ES_\alpha^X(t) + ES_\alpha^Y(t)$$

Vorteile des Expected Shortfall:

- ➢ Der Expected Shortfall berücksichtigt nicht nur die Höhe des Verlustes, ab welchem der Insolvenzfall eintritt, sondern auch, in welcher dieser Verlust zu erwarten ist, da nicht nur die Eintrittswahrscheinlichkeit berücksichtigt wird, im Gegensatz zum Value at Risk.
- ➢ Zum anderen ist der Expected Shortfall subadditiv und somit im Gegensatz zum Value at Risk kohärent.
- ➢ Die Ruinwahrscheinlichkeit wird durch Verwendung des Expected Shortfall gegenüber den Value at Risk gesenkt.

Nachteile des Expected Shortfall:

- ➢ Komplexer als der VaR und somit schwerer anzuwenden.
- ➢ Es muss zuerst der Value at Risk bestimmt werden, bevor der Expected Shortfall bestimmt werden kann, was aber umgangen werden kann, wenn man den Expected Shortfall als Lösung eines Optimierungsproblems auffasst.

---

[89] Vgl. Zwiesler, H.-J. (2004), Risikomanagement und -steuerung in der Versicherungswirtschaft: Asset Liability Management – Grundlegende Aspekte und praktische Anwendungen, S. 35.

- Die Unterschiede zwischen Value at Risk und Expected Shortfall können sehr extrem werden, wo der Expected Shortfall ein Vielfaches des Value at Risk sein kann. Dies kann dazu führen, dass für ein Unternehmen diese finanziellen Belastungen nicht tragbar sind.
- Der Expected Shortfall schützt auch nicht komplett vor dem Insolvenzrisiko.
- Die Verteilungsenden unterliegen meist größeren Fehlern, da extreme Risiken seltener auftreten und es somit schwerer ist, diese genau zu bestimmen. Der Expected Shortfall basiert aber auf genau diesen Verteilungsenden und ist somit sehr sensibel gegenüber kleinen Änderungen an diesen Stellen.

6 Asset-Liability-Management

6.1 Definition und Ziele

Grundlage des Asset-Liability-Managements (ALM) ist die simultane Modellierung des zukünftigen Versicherungs- und Kapitalanlagegeschäfts mit dem Ziel, den Unternehmenserfolg zu optimieren. Notwendige Bestandteile sind dabei die Identifikation und Quantifizierung der Einflussfaktoren, beispielsweise der Prämien- und Schadenzahlungsströme, der zukünftigen Kapitalmarktentwicklungen oder der Risiko-/Renditeanforderungen durch Investoren/Kapitalgeber. In dem Kontext handelt es sich bei ALM um ein Managementkonzept, bei dem Entscheidungen bezüglich der Unternehmensaktiva und -passiva aufeinander abgestimmt werden. Dabei werden in einem kontinuierlichen Prozess Strategien zu den Aktiva und Passiva formuliert, umgesetzt, überwacht und revidiert, um bei vorgegebenen Risikotoleranzen und Beschränkungen die finanziellen Ziele zu erreichen.

Das Asset-Liability-Management verbindet nicht nur Ergebnis- und Risikosteuerung eines Versicherungsunternehmens, sondern es dient auch der Identifizierung, Bewertung und Optimierung von Strategien, die sowohl die Aktiv- als auch die Passivseite der Bilanz betreffen. Dieser Prozess unterstützt die Entscheidungsträger auf der Gesamtunternehmensebene (Makro-ALM); er kann aber ebenso auf der Basis einzelner Transaktionen/Produktklassen erfolgen (Mikro-ALM).

Unter dem Risiko aus Asset Liability Mismatch versteht man die fehlende betragsmäßige oder zeitliche Übereinstimmung der versicherungstechnischen Verpflichtungen mit den zu deren Deckung dienenden Aktivposten (siehe Thema Risikotragfähigkeit in Kapitel 1).

Aufgrund des großen Anteils an Kapitalanlagen, insbesondere bei Lebensversicherungsunternehmen, in denen die Kapitalanlagen über 90% der Aktiva ausmachen, hat die Entwicklung der Kapitalanlagen einen erheblichen Einfluss auf die finanzielle Stabilität des Unternehmens. Weil die Wertentwicklung nicht deterministisch ist, ist eine Analyse der Kapitalanlagen, mit der mögliche Wertverluste bestimmt werden sollen, notwendig. Da mit einer entsprechenden Dichtefunktion über die Wertentwicklung jedoch keine Aussagen darüber getroffen werden können, ob das Unternehmen eine bestimmte Verlusthöhe tragen kann, ist eine *ganzheitliche Betrachtung* des Unternehmens erforderlich. In Lebensversicherungsunternehmen erfolgt diese Analyse im Rahmen des *Asset-Liability-Managements (ALM)*, in Kompositgesellschaften durch die *Dynamic Financial Analysis (DFA)*.[90]

Ziel des Asset-Liability-Managements ist die *Messung* und *Steuerung* von Risiken aus dem Bereich der Kapitalanlagen eines Lebensversicherungsunternehmens. Bei den Risiken handelt es sich aus bilanzieller Sicht um aktivseitige Risiken (etwa der Fall von Aktienkursen oder Renditen). Aber auch passivseitige Risiken gehören in geringem Maße dazu (beispielsweise biometrische Risiken, unerwartete Zu- oder Abnahme im Neugeschäft oder der Stornoquote). Die Risiken sollen quantifiziert und ihre Auswirkung auf das *Risikokapital* bestimmt werden.

Risikokapital wird als *alle dem Unternehmen zur Verfügung stehenden Positionen zur Vermeidung einer (ökonomischen) Insolvenz* verstanden.[91] Das Risikokapital setzt sich zusammen aus stillen Reserven auf der Aktivseite und auf der Passivseite aus dem bilanziellen Eigenkapital, der freien RfB (Rückstellung für Beitragsrückerstattung), dem Schlussüberschussanteilfonds und, sofern das Unternehmen bereits eine Fair-Value-Bewertung der Passiva durchführt, dem Differenzbetrag zwischen Buchwerten und Fair Values der Verbindlichkeiten.

6.2 Der ALM-Prozess

Der Aufbau des ALM-Prozesses kann wie in Abbildung 19 dargestellt werden. Zunächst werden die zukünftigen Entwicklungen der Assets und der Liabilities geschätzt und *Annahmen* über die künftigen Entwicklungen getroffen. Auf Basis der Annahmen liefert eine *Projektionsrechnung* Daten, die im dritten Schritt auf wenige *Kenngrößen* für die im letzten Schritt folgende *Analyse* reduziert werden.

Anschließend an die Analyse werden Handlungsalternativen zur Steuerung der relevanten Risiken gesucht und eine Handlungsalternative ausgewählt. Die Wahl ist von qualitativen und ökonomischen Erwägungen abhängig.

Eine Handlungsalternative besteht aus verschiedenen Maßnahmen. Dabei ist die Handlungsalternative, deren Maßnahmen sich in ihrer positiven Wirkung verstärken, denen mit unerwünschten Wechselwirkungen vorzuziehen. Ferner sind die Kosten-Nutzen-Relationen zu berücksichtigen. Durch eine ständige Kontrolle (Soll/Ist-Vergleich) können die Annahmen über

---

[90] Vgl. Romeike, F./Müller-Reichart, M. (2008): Risikomanagement in Versicherungsunternehmen – Grundlagen, Methoden, Checklisten und Implementierung, 2. Auflage, S. 283 ff. sowie S. 333 ff.

[91] Vgl. Jöhnk, A. (2004), Risikomanagement und -steuerung in der Versicherungswirtschaft: Risikomanagement für die Kapitalanlagen, S. 43.

künftige Entwicklungen besser angepasst werden, was zu einer Verbesserung der Projektionsrechnung und damit der Qualität ihrer Ergebnisse führt.[92]

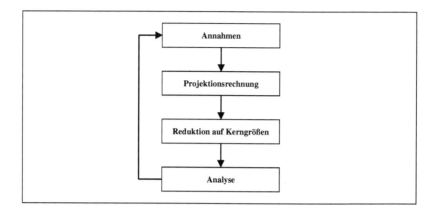

Abbildung 19: Der ALM-Prozess

6.3 Analyse im ALM-Prozess

Für die Analyse im ALM-Prozess bieten sich verschiedene Vorgehensweisen an. Sie sind in Abbildung 20 exemplarisch dargestellt.

Zu den Analysemethoden gehören präskriptive und deskriptive Methoden. Deskriptive Methoden bilden die Risikosituation ab, präskriptive Methoden implizieren bereits Absicherungsregeln. Zu den erstgenannten Methoden gehören das Scenario Testing sowie die mit Simulation vorgenommene Evaluation von Rendite-/Risiko-Profilen oder auch die Erstellung von Fälligkeitsprofilen. Zum Scenario Testing gehören auch die Stresstests, die anerkannteste Simulationstechnik ist die Monte-Carlo-Simulation, die häufig bei Dynamic Financial Analysis (DFA) zum Einsatz kommt.

---

[92] Vgl. Zwiesler, H.-J. (2004), Risikomanagement und -steuerung in der Versicherungswirtschaft: Asset Liability Management – Grundlegende Aspekte und praktische Anwendungen, S. 8.

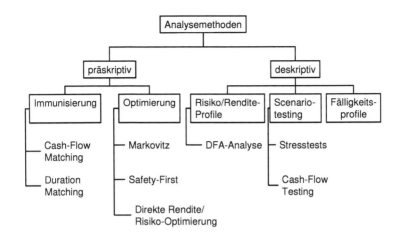

Abbildung 20: Analysemethoden des Asset-Liability-Managements[93]

Ebenso häufig verwendet wird das Cashflow Testing, bei dem unter Annahme unterschiedlicher Marktzinsverläufe die Auswirkungen auf die Cashflows untersucht werden. Zu den präskriptiven Methoden gehören die verschiedenen Optimierungs- und Immunisierungsverfahren. Den Optimierungsverfahren können das Markowitz-Verfahren, Safety-First und die direkte Rendite-/Risiko-Optimierung, den Immunisierungsverfahren das Cashflow Matching und das Duration Matching zugeordnet werden.

Das Scenario Testing ist ein einfaches Verfahren, das leicht verständlich ist, aber keine Annahmen über die Wahrscheinlichkeiten für den Eintritt der einzelnen Szenarien macht. Risiko-/Rendite-Profile sind hingegen stochastisch und können analytisch oder mit Anwendung von Simulationen durchgeführt werden. Cashflow Matching und Duration Matching eignen sich für das sehr zinsintensive Lebensversicherungsgeschäft. Beim Cashflow Matching wird versucht, Zahlungsströme aus leistungs- und finanzwirtschaftlichem Bereich in Höhe und zeitlichem Abfall aufeinander abzustimmen. Beim Duration Matching werden die Kapitalanlagen und die Verbindlichkeiten aufeinander abgestimmt.

---

[93] Vgl. Romeike, F./Müller-Reichart, M. (2008), Risikomanagement in Versicherungsunternehmen: Grundlagen, Methoden, Checklisten und Implementierung, 2. Auflage, S. 300.

6.4 Maßnahmen

Im Anschluss an die Analyse folgt die Auswahl der zu treffenden Maßnahmen, die bei den Kapitalanlagen oder den Verbindlichkeiten ansetzen können. So können beispielsweise auf der Kapitalanlageseite im Rahmen der Asset Reallokation die Kapitalanlagen umgeschichtet werden, um besser auf die Verbindlichkeiten abgestimmt zu sein. Alternativ können auf der Kapitalanlageseite derivative Finanzinstrumente eingesetzt werden. Sie erfordern jedoch ein größeres Know-how und sind aufsichtsrechtlich nur bedingt zulässig. Die wichtigsten Kriterien für die Wahl einer Alternative sind sicherlich Kosten und Nutzen. Aber beispielsweise auch ein geringes Delkrederisiko oder positive Auswirkungen auf das Rating sind wichtige Entscheidungskriterien.[94]

Aufgrund des schwierigen Marktumfeldes hat Asset-Liability-Management an Bedeutung gewonnen und ist durch die Anlagegrundsätze des Versicherungsaufsichtsgesetzes (§ 54 Abs. I VAG) rechtlich vorgeschrieben: „*Die Bestände des Sicherungsvermögens (§ 66) und das sonstige gebundene Vermögen gemäß Absatz 5 (gebundenes Vermögen) sind unter Berücksichtigung der Art der betriebenen Versicherungsgeschäfte sowie der Unternehmensstruktur so anzulegen, dass möglichst große Sicherheit und Rentabilität bei jederzeitiger Liquidität des Versicherungsunternehmens unter Wahrung angemessener Mischung und Streuung erreicht wird.*" Für die Versicherungsunternehmen ist das von Vorteil, da sie den ALM-Prozess auf ihre Bedürfnisse anpassen können.

Auch die aufsichtsrechtlichen „Mindestanforderungen an das Risikomanagement (MaRisk VA) weisen darauf hin, dass alle risikorelevanten Geschäftsabläufe adäquat zu steuern und zu überwachen sind. Zu den risikorelevanten Geschäftsabläufen zählen – basierend auf der Definition der MaRisk – zumindest das versicherungstechnische Geschäft, die Reservierung, das Kapitalanlagemanagement (einschließlich Asset-Liability-Management) und das passive Rückversicherungsmanagement.

Im Kontext Kapitalanlagemanagement (einschließlich Asset-Liability-Management) verweisen die MaRisk auf die die speziellen Regelungen und Meldepflichten des Rundschreibens R 15/2005 (VA) Teil IX vom 20.8.2005 über die Anlage des gebundenen Vermögens.

---

[94] Vgl. Romeike, F./Müller-Reichart, M. (2005), Risikomanagement in Versicherungsunternehmen: Grundlagen, Methoden, Checklisten und Implementierung, S. 253.

7 Risikosteuerung und -kontrolle

7.1 Risikosteuerung

Nachdem die Risiken identifiziert, bewertet und aggregiert wurden, müssen sie anschließend gesteuert und kontrolliert werden.

7.1.1 Gegenstand und Möglichkeiten der Risikosteuerung

Gegenstand der Risikosteuerung ist, aktiv Einfluss auf die im Rahmen der Risikoanalyse identifizierten und bewerteten Risiken zu nehmen. Ziel dabei ist es, die Risiken kontrollierbar und beherrschbar zu machen. Allerdings geht es bei der Risikobewältigung nicht darum, das Unternehmensrisiko zu minimieren, sondern das Risiko-Chancen-Profil zu optimieren.[95] Das Geschäft eines Versicherungsunternehmens besteht darin, Risiken einzugehen, denn dadurch ergeben sich auch Chancen für das Unternehmen. Würde das Unternehmensrisiko vollständig minimiert werden, hätte das die Einstellung des Geschäftsbetriebs zur Folge.[96]

Die Risikosteuerung sollte vielmehr dabei helfen zu entscheiden, welche Risiken das Unternehmen eingeht und wie es mit ihnen umgeht. Das Ziel dabei ist die Risikoposition des Unternehmens zu optimieren, also die Unterschiede zwischen der bestehenden und der angestrebten Risikolage zu bewältigen. Das bedeutet entweder die erforderliche Eigenkapitalausstattung zu verändern oder durch eine Veränderung der Risikoposition mehr Risiken einzugehen und so mehr Chancen wahren zu können. So kann die Risikosteuerung auch eine Empfehlung sein, mehr Risiken einzugehen.

Für die Handhabung der Risiken stehen dem Unternehmen verschiedene Maßnahmen zur Verfügung. Zuvor muss jedoch entschieden werden, auf welche Risiken die Maßnahmen anzuwenden sind. Die Auswahl orientiert sich dabei an der Relevanzschätzung aus der Risikobewertung. Allgemein sind die Maßnahmen auf sämtliche Risiken anzuwenden, deren Wahrscheinlichkeitsverteilung von Ergebnissen von den Zielvorstellungen abweichen, insbesondere wird auf besonders gefährliche Risiken abgestellt, also Risiken mit großen Schadenspotenzialen, deren Realisierung unerwartet ist. Mit Hilfe der Rentabilitätsrechnung muss entschieden werden, ob die

---

[95] Vgl. Gleißner, W./Lienhard, H. (2004), Risikomanagement und -steuerung in der Versicherungswirtschaft: Komponenten des Risikomanagements in der Versicherungswirtschaft, S. 61 sowie Gleissner, W./Romeike, F. (2005): Risikomanagement – Umsetzung, Werkzeuge, Risikobewertung, S. 36.

[96] Vgl. Bitz, H. (2000), Risikomanagement nach KonTraG: Einrichtung von Frühwarnsystemen zur Effizienzsteigerung und zur Vermeidung persönlicher Haftung, S. 19.

Risikoübernahme oder die Überwälzung auf Versicherungen die günstigere Alternative darstellt. Großrisiken sind auf jeden Fall auf Versicherungen zu überwälzen. Klein- und Bagatellrisiken können ohne weiteres aus den laufenden Umsätzen (z. B. aus den Risikoprämien) gedeckt werden.

Neben den risikobezogenen Handlungen besteht für das Unternehmen aber auch die Möglichkeit, bewusst auf Handlungen zu verzichten. Der Handlungsverzicht gilt dabei auch als eine bewusste Form der Risikosteuerung. Er ist jedoch nur dann geeignet, wenn die angestrebte Risikolage mit der bestehenden weitgehend übereinstimmt, wenn kein geeignetes Mittel zur Risikosteuerung existiert oder wenn die Grenzkosten die Grenzleistung übersteigen. In der Praxis wird das Unternehmen jedoch eher risikobezogene Handlungen ausführen. Diese setzen bei den Versicherungskunden, bei Geschäftspartnern oder im Unternehmen selbst an. Die Versicherungskunden können durch geeignete Mittel dazu bewegt werden, Gefahren oder Risiken zu meiden, die auf das Unternehmen durchschlagen würden. Das gilt unmittelbar, wenn entsprechender Versicherungsschutz versprochen wurde.

Bei Kapitalanlagekunden ist der Einfluss jedoch eher begrenzt, da das Versicherungsunternehmen kaum Einflussmöglichkeiten besitzt. Für Risiken im Bereich der Beziehungen zu den Versicherungskunden kann das Unternehmen durch die Ausgestaltung der Geschäfte Einfluss üben. Im Risikogeschäft stehen ihm dazu *prämienpolitische*, *schadenpolitische* und *produktpolitische* Mittel zur Verfügung. Im Kapitalanlagegeschäft besteht die Möglichkeit risikomeidende oder risikomindernde Geschäftsinhalte vertraglich zu vereinbaren. Innerbetrieblich kann das Unternehmen im Risikogeschäft beispielsweise zu bestandspolitischen Mitteln greifen, etwa die Annahme und Ablehnung von Einzelrisiken.

Im Abwicklungsgeschäft besteht für das Unternehmen die Möglichkeit, die Auswahl der Produktionsverfahren oder die Mischung und Streuung der Kapitalanlagen im Kapitalanlagegeschäft zu beeinflussen. Im Bereich sonstiger Geschäftspartner (z. B. Rückversicherung) kann das Unternehmen Risiken überwälzen. Zins-, Kurs- und Währungsrisiken aus dem Kapitalanlagegeschäft können durch passende Gegengeschäfte an die Konkurrenten am Kapitalmarkt übertragen werden (z. B. Termingeschäfte), aber auch die Ausgliederung bestimmter Abwicklungs- und Dienstleistungsgeschäfte ist denkbar.

Ist es dem Unternehmen nicht möglich Risiken zu vermeiden, bleibt also Schadenspotenzial erhalten, muss das Unternehmen diese tragen und decken. Dabei kommt es auf die (finanziellen) Fähigkeiten der Risikotragung und -deckung (Kapital bzw. Geld) an.

7.1.2 Maßnahmen der Risikosteuerung

Die im Rahmen der Risikoanalyse ermittelte Gesamtrisikoposition gilt es nun durch geeignete Maßnahmen zu verändern. Dazu stehen dem Unternehmen ursachen- und wirkungsbezogene Maßnahmen zur Verfügung. Ursachenbezogene Maßnahmen versuchen die Eintrittswahrscheinlichkeit der Risiken zu minimieren, in dem sie den Risikoentstehungsprozess an der Wurzel angehen. Dazu sind zeitnahe Informationen über die Einflussfaktoren und deren Beeinflussbarkeit durch den Entscheidungsträger notwendig. Bei den wirkungsbezogenen Maßnahmen wird versucht, bereits eingetretene Risiken in ihrem Schadenausmaß zu reduzieren.[97]

Abbildung 21 zeigt die verschiedenen Maßnahmen der Risikosteuerung.

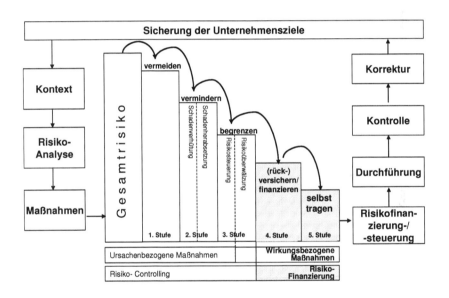

Abbildung 21: Maßnahmen der Risikosteuerung[98]

---

[97] Vgl. Wolf, K./Runzheimer, B. (2001), Risikomanagement und KonTraG: Konzeption und Implementierung, S. 72.

[98] Vgl. Romeike, F./Müller-Reichart, M. (2005), Risikomanagement in Versicherungsunternehmen: Grundlagen, Methoden, Checklisten und Implementierung, S. 82.

7.1.2.1 Risikovermeidung

Risikovermeidung, eine ursachenbezogene Maßnahme, versucht die Einzelrisiken in ihrem Ursprung anzugehen und zu beseitigen. So könnte Risikovermeidung etwa den Ausstieg aus einem gefährlichen Projekt oder Geschäftsfeld bedeuten. Das gilt sowohl für das Versicherungsunternehmen als auch für den Versicherungsnehmer. Für das Versicherungsunternehmen werden dadurch aber auch die Gewinnchancen ausgeschlossen. Das bedeutet einen Verzicht auf (erwartete) Erträge zur Erfüllung unternehmerischer Ziele. Deswegen sollte Risikovermeidung nur auf die Risiken angewandt werden, bei denen andere Maßnahmen ein zu großes Gefahrenpotenzial hinterlassen. Dabei ist die Risikovermeidung umso eher anzuwenden, je geringer die Risikotragfähigkeit (Risikodeckungskapital) des Unternehmens ist. So kann etwa nicht auf die Aktivitäten des Abwicklungsgeschäfts verzichtet werden. Die Risikovermeidung kann vielmehr bei zusätzlichen Serviceleistungen oder bestimmten Verfahren greifen. So können etwa unsichere Verfahren der Datenspeicherung oder -übertragung eingestellt werden.

Im Risikogeschäft hat das Unternehmen die Möglichkeit gewisse Risiken erst gar nicht zu versichern oder bereits übernommene Risiken durch Kündigung aus dem Versicherungsbestand zu entfernen. Im Kapitalanlagegeschäft kann auf bestimmte Kapitalanlagen verzichtet oder wenn bereits vorhanden, können diese wieder veräußert werden. Stattdessen kann in andere Kapitalanlagen, die den Risikomanagement-Zielen zweckmäßiger dienen, investiert werden. Bei der Aufnahme eines Versicherungsvertrages ist zu prüfen, welchen Einfluss die neu hinzukommende Versicherung auf das Kollektiv hat, ob sie die Eintrittswahrscheinlichkeit eines Versicherungsfalls stärker erhöht, als es zuvor in den Rechnungsgrundlagen kalkuliert wurde. In einem solchen Fall, sollte der Versicherungsvertrag (in der Form) nicht abgeschlossen werden.[99]

Eine weitere Form der Risikovermeidung besteht darin, bestimmte Risikoausschnitte (etwa bestimmte Sachgegenstände, Personen oder bestimmte Gefahren) aus dem bereits gestellten Versicherungsschutz auszuschließen. Diese Möglichkeit bezieht sich dabei meist auf besonders „schwere" Risiken. Beispielhaft können Katastrophenrisiken und Vorerkrankungen in der Krankenversicherung genannt werden. Ein weiteres typisches Beispiel aus der Praxis sind vertragliche Haftungsausschlüsse im Risikogeschäft. Bei diesen werden ganze Risiken oder bestimmte Ausschnitte davon aus dem

---

[99] Vgl. Zschoyan, B. (2004), Risikomanagement und -steuerung in der Versicherungswirtschaft: Versicherungsvertragliche Risikosteuerung in der Lebensversicherung, S. 48.

Versicherungsschutz ausgeschlossen. Daneben kann eine Risikovermeidung auch durch sämtliche Vertragsbedingungen oder -klauseln erreicht werden, bei denen die Risiken dem Vertragspartner überlassen werden.

7.1.2.2 Risikoverminderung

Ziel der Risikoverminderung ist, Eintrittswahrscheinlichkeit der Risiken zu senken oder bei bereits eingetretenen Schäden die Auswirkungen der Schäden (Schadenhöhe) so gering wie möglich zu halten. Da die Risikoverminderung gegenüber der Risikovermeidung Chancenpotenziale wahrnimmt, findet sie in der Praxis häufiger Anwendung. Im Folgenden sollen verschiedene Möglichkeiten dieser ursachenbezogenen Maßnahme beschrieben werden.

7.1.2.2.1 Risikoabwehr

Die *Risikoabwehr* versucht bestehende Gefahren, etwa durch die Modifikation technischer Verfahren oder Änderung von Verhaltensweisen, zu vermindern. So können etwa der Einbau von Sprinkleranlagen oder Blitzableitern oder der Verzicht aufs Rauchen die Gefahren von Feuer, Blitzschlag oder Gesundheitsschädigung vermindern. Aber auch durch *prämien-, schaden- und produktpolitische Ansätze* sowie durch eine *laufende Risikoüberwachung* kann versucht werden, die Auswirkungen der Schäden zu vermindern.

> Prämienpolitischer Ansatz
> Für den *prämienpolitischen* Ansatz eignen sich Prämienerhöhungen, Prämiendifferenzierungen, Prämienerhebungsverfahren und Prämienanpassungssysteme. Dabei werden nicht unmittelbar die Eigenschaften der versicherten Risiken verändert, sondern die Wahrscheinlichkeitsverteilung von Ergebnissen der versicherten Risiken.

> Schadenpolitischer Ansatz
> Eine weitere Möglichkeit der Schadenverminderung bietet der *schadenpolitische* Ansatz. Wenn die Schäden bereits eingetreten sind, hat das Unternehmen kaum Möglichkeiten auf die Schadenvergütung Einfluss zu nehmen. Sind jedoch die Schadenfälle nicht eindeutig (Versicherungsbetrug), kann das Unternehmen die Regulierungsarbeiten besonders gründlich ausführen, um mögliche Zweifel auszuräumen. Hierbei sind jedoch die steigenden Regulierungskosten zu berücksichtigen.

➢ Produktpolitischer Ansatz
Produktpolitisch können bestimmte Gefahren und davon betroffene Personen oder Sachen als Auslöser von Versicherungsfällen vom Versicherungsschutz ausgeschlossen werden, wenn sich die Risikosituation beim Versicherungsnehmer entsprechend erweitert. Auf Änderungsrisiken kann reagiert werden, indem von wiederkehrenden Versicherungsleistungen (z. B. Rentenleistungen in der Haftpflichtversicherung) auf Einmalleistungen umgestellt wird. Ein weiteres produktpolitisches Instrument sieht eine Begrenzung der Versicherungsfälle auf eine bestimmte Anzahl innerhalb einer Versicherungsperiode vor. Damit wird die unerwartete Häufung von Risiken ausgeschlossen. Ebenso kann das Unternehmen Höchstbeträge für die versicherte Leistung festsetzen.

Die Wirkung einer Selbstbehaltsvereinbarung ist hauptsächlich auf die Verhaltensänderung der Versicherungsnehmer zurückzuführen. Die Versicherungsnehmer werden vorsichtiger (Minderung des subjektiven Risikos) und ihre Neigung zur Inanspruchnahme von Leistungen des Versicherungsunternehmens sinkt (Minderung des moralischen Risikos).

➢ Laufende Risikoüberwachung
Durch eine laufende Überwachung soll versucht werden, mögliche Fehler zu vermeiden. Die verschiedenen Arbeitsabläufe müssen, etwa durch das Vier-Augen-Prinzip überwacht werden. Zum Beispiel bei der Entwicklung eines neuen Produkts muss die Kalkulation des Produktentwicklers überwacht werden. Oftmals entsteht diese auf Basis einer modifizierten oder nicht getesteten Software.[100]

7.1.2.2.2 Risikominderung im Kapitalanlagegeschäft

Im Bereich des Kapitalanlagegeschäfts hat das Unternehmen die Wahl zwischen einem festen und einem variablen Zinssatz. Ein fester Zinssatz mindert das Risiko für laufende Kapitalanlageerträge, erhöht aber gleichzeitig das Abschreibungsrisiko wegen eines potenziell steigenden Zinssatzes am Kapitalmarkt. Bei einem variablen Zins ist die Situation genau umgekehrt. Durch besondere Vereinbarungen (Mindest- und/oder Höchstzinsvereinbarungen) kann aber die Zinsvariabilität beschränkt und damit das Kapitalanlagerisiko gemindert werden.

---

[100] Vgl. Zschoyan, B. (2004), Risikomanagement und -steuerung in der Versicherungswirtschaft: Versicherungsvertragliche Risikosteuerung in der Lebensversicherung, S. 50.

Eine weitere Möglichkeit der Risikominderung im Kapitalanlagegeschäft stellt die Wahl der Kapitalanlagen dar. Verbriefte Wertpapiere (Namenspapiere) reagieren nicht auf Zinsänderungen, da sie nicht am Sekundärmarkt gehandelt werden. Da im Falle von steigenden Zinssätzen keine handelsrechtlichen Abschreibungen fällig werden, wird das Kapitalanlagerisiko gemindert. Wegen der schlechten Liquidierbarkeit ist andererseits das Kapitalbindungsrisiko erhöht. Um dieses zu mindern, eignen sich wiederum unverbriefte Wertpapiere.

Neben der Wahl der Wertpapiere spielt auch die Wahl der Anlagedauer eine wichtige Rolle. Bei kurzen Laufzeiten sinkt das Marktänderungsrisiko, das Abschreibungsrisiko und das Kapitalertragsrisiko. Jedoch steigt gleichzeitig das Wiederanlagerisiko aufgrund der sich in der Zwischenzeit veränderten Marktbedingungen, so dass eventuell ungünstigere Konditionen akzeptiert werden müssen.

7.1.2.2.3 Risikoaufteilung

Die *Risikoaufteilung* versucht das Risiko zu minimieren, indem es die Gefahrenpotenziale überbetrieblich zwischen verschiedenen Unternehmen, innerbetrieblich auf verschiedene Personen, räumlich oder zeitlich aufteilt. So können etwa verschiedene Lieferanten oder statt eines Zentralrechners viele kleine und separate Computer verwendet werden.

Aber auch die versicherten Risiken, insbesondere bei Großschäden, können auf Mitversicherer aufgeteilt werden. Dadurch werden der Erwartungswert der Entschädigungshöhe und die absolute Streuung vermindert, die Schadenhäufigkeitsverteilung und damit die Struktur des versicherten Risikos bleiben gleich.

7.1.2.2.4 Risikostreuung

Eine weitere Möglichkeit Risiken zu vermindern, bietet die *Risikostreuung*. Risiken, die nicht positiv miteinander korrelieren, werden zusammengefasst. Damit wird ein Risikoausgleich erreicht. Das kann unter Umständen sogar dazu führen, dass eine bestimmte Risikoposition, obwohl sie ein größeres Risiko darstellt, bevorzugt wird, weil sie zu den übrigen Risikopositionen im Bestand eine günstigere Korrelation aufweist.[101]

Mit zunehmender Anzahl unabhängiger Einzelrisiken im Bestand wird der Risikoausgleich gefördert und damit das versicherungstechnische Zufallsrisiko gesenkt. Ein Bestandswachstum ist somit vorteilhaft für die Risikomin-

---

[101] Vgl. Bitz, M. (1993), Grundlagen des finanzwirtschaftlich orientierten Risikomanagements, S. 649.

derung. Aus dem Gesetz der großen Zahlen folgt, dass mit zunehmender Anzahl an unabhängigen Einzelrisiken, die Varianz gegen null konvergiert. Im Kapitalanlagebereich ist es zweckmäßig im Rahmen des „Asset Managements" die Kapitalanlagen geeignet zu streuen, um so eine risikomindernde Portfoliostruktur zu schaffen. Auch hier ist zu berücksichtigen, ob die einzelnen Kapitalanlagen positiv oder negativ korreliert sind. Mit der Ausnutzung der Korrelationsstruktur bei den Kapitalanlagemöglichkeiten sollen die Kapitalanlagerisiken (Kapitalertrags- und Kapitalerhaltungsrisiken) minimiert werden. Ziel ist die Optimierung des Kapitalanlageportfolios, das einerseits Gewinnsicherung, andererseits eine Risikominimierung erreicht. Für die Optimierung der Kapitalanlagen eignet sich die Portfolio-Selection-Theorie, die auf Markowitz zurückgeht.

7.1.2.3 Risikoüberwälzung

Risikoüberwälzung ist eine wirkungsbezogene Maßnahme. Sie versucht nicht die Risiken als solche zu verändern, sondern sie lagert die Risiken lediglich aus dem Unternehmen aus und überträgt sie an Dritte.[102] So können beispielsweise statt Kaufverträge Leasingverträge abgeschlossen werden. So überträgt sich das Risiko aus dem Eigentum von Realgütern auf den Leasinggeber. Genauer lässt sich die Risikoüberwälzung in Risikoüberwälzung mit und ohne Versicherung unterteilen.

7.1.2.3.1 Risikoüberwälzung ohne/mit Versicherung

Risikoüberwälzung ohne Versicherung berücksichtigt Risiken, die nicht nur die Gefahr von Verlusten, sondern auch Chancen beinhalten. Hierzu gehören etwa Absatz- und Kapitalmarktrisiken. So kann sich das Unternehmen beispielsweise durch Instrumente des Finanzmarktes (beispielsweise Derivate) absichern. Außerdem kann das Unternehmen bestimmte Funktionen (und somit die damit verbundenen Risiken) aus dem Unternehmen ausgliedern. Beispiele dafür sind die Ausgliederung von Teilen der Antrags-, Änderungs- und Schadenbearbeitung auf Versicherungsvertreter, die Ausgliederung von Schadenprüfungen durch externe Gutachter und die Ausgliederung von Serviceleistungen auf spezialisierte Unternehmen. Auch wenn solche Ausgliederungen in der Praxis eher aus Kapazitäts- und Kostengründen entstehen, erfüllen sie trotzdem die Funktion der Risikoüberwälzung.

---

[102] Vgl. Wagner, F. (2000), Risk Management im Erstversicherungsunternehmen: Modelle, Strategien, Ziele, Mittel, S. 340.

Die sicherste, aber auch teuerste Maßnahme der Risikosteuerung ist die Absicherung von Schäden durch (Rück-)Versicherungen. Eine der größten Herausforderungen für (Versicherungs-)Unternehmen besteht darin, ökonomisch plausible und praktikable Steuerungsmodelle zu entwickeln, mit denen die Wertbeiträge von einzelnen (Rück-)Versicherungslösungen ermittelt und etwaige Optimierungspotenziale für die Risikokostenoptimierung identifiziert bzw. umgesetzt werden können. So kann basierend auf stochastischen internen Risikomodellen das „optimale" Gleichgewicht zwischen Risikoeigentragung und Risikotransfer ermittelt werden.

Bei kritischer Hinterfragung des Wertbeitrags des Risikotransfers sind ausschließlich diejenigen Risiken zu betrachten, die grundsätzlich disponibel, also auf Dritte übertragbar sind.

Im Hinblick auf die mit den einzelnen Risiken in Verbindung stehenden Kosten, gilt es folgende Positionen zu berücksichtigen:

- Kosten für interne Kontrollsysteme und die Organisation des Risikomanagements (insbesondere Investitionskosten für präventive und reaktive Maßnahmen),
- Kosten für Risikotransfer und externe Dienstleistungen (etwa Rückversicherungsprämien inkl. fiskalischer Abgaben und Entgelte für etwaige Dienstleister bzw. Makler,
- Kosten der eigenen Administration (Personal- und Sachaufwendungen inkl. Nebenkosten für ggf. vorhandenes eigenes Personal),
- Kosten der selbst getragenen Schäden (bspw. aus in Anspruch genommenen Eigenbehalten, nicht ausreichenden Deckungssummen, bewusst nicht versicherten Risiken) sowie Kosten der Schadensabwicklung,
- (kalkulatorische) Kosten des Eigenkapitals, das zur Abdeckung möglicher risikobedingter Verluste erforderlich ist.

Die Berücksichtigung der Eigenkapitalkosten ist notwendig, weil das Eigenkapital eines (Versicherungs-)Unternehmens in erster Linie zur Risikodeckung dient. Wenn nämlich keine risikobedingten Verluste auftreten können, benötigt ein Unternehmen eigentlich auch kein (teures) Eigenkapital. Risikotransferinstrumente im Allgemeinen bzw. Rückversicherungslösungen im Speziellen helfen daher Eigenkapital zu schützen bzw. zu reduzieren.

Mit Hilfe der Risikoaggregation (etwa basierend auf einem stochastischen, internen Risikomodell) wird nun die Gesamtrisikoposition sämtlicher in die

Analyse einbezogenen Risiken ermittelt, wobei ggf. vorhandene Risikobewältigungsmaßnahmen zu einzelnen Risiken berücksichtigt werden. Auf diese Weise wird der zur Risikotragung benötigte Eigenkapitalbedarf ermittelt. Der Eigenkapitalbedarf zeigt den Umfang möglicher risikobedingter Verluste, der mit beispielsweise 99%iger Sicherheit in einem Jahr nicht überschritten wird. Die Ergebnisse der Aggregation ermöglichen eine fundierte Beurteilung der Risikotragfähigkeit (Details siehe Kapitel 1) des Unternehmens. So können die kalkulatorischen Eigenkapitalkosten – eine wesentliche Komponente der Gesamtrisikokosten – berechnet werden. (Rück-)Versicherungen substituieren letztlich knappes und teueres Eigenkapital. Die kalkulatorischen Eigenkapitalkosten resultieren als Produkt von Eigenkapitalbedarf und Eigenkapitalkostensatz, der von der akzeptierten Ausfallwahrscheinlichkeit und der erwarteten Rendite von Alternativanlagen (beispielsweise am Aktienmarkt) abhängt.

Nach der Status-quo-Betrachtung der Risikokosten gilt es eine oder auch mehrere alternative Strategien zur Risikobewältigung zu erarbeiten, die eine Reduzierung der gesamten Risikokosten erwarten lassen.

Unter Berücksichtigung dieser Sichtweise lässt sich feststellen, dass eine (Rück-)Versicherungslösung üblicherweise zur Abdeckung von Großrisiken (relativ geringe Eintrittswahrscheinlichkeit mit existenzbedrohender Auswirkung) sinnvoll ist, da in diesem Fall die Kapitalkosten einer Risikoeigentragung deutlich höher ausfallen als die Risikoprämie beim Transfer des Risikos auf eine Rückversicherungsgesellschaft. Zur Beurteilung der Versicherungswürdigkeit von Schäden mittlerer Tragweite ist jeweils eine individuelle Betrachtung der Relation von Kapitalkosten und Rückversicherungsprämie durchzuführen.

In der Regel nicht versicherungswürdig sind Kleinst- bzw. Bagatell- Risiken (relativ hohe Eintrittswahrscheinlichkeit mit geringfügiger Auswirkung, auch Frequenzschaden genannt), da die Risikofinanzierungskosten zur versicherungstechnischen Absicherung dieser Risiken zumindest mittelfristig höher ausfallen als die zur Risikoeigentragung zu kalkulierenden Kapitalkosten.[103]

7.1.2.3.2 Die Rolle der Rückversicherung

Unterscheidet sich die Unternehmensführung zur Handhabung der Risiken für die Risikoüberwälzung mit Versicherung, gibt sie die übernommenen Risiken gegen Beiträge an die Rückversicherung ab. Das Versicherungsunternehmen löst sich auf diese Weise von Risiken, die seine Zeichnungska-

---

[103] Vgl. Romeike, F./Löffler, H.: RiskNET Experten-Studie „Wert- und Effizienzsteigerung durch ein integriertes Risiko- und Versicherungsmanagement", S. 21 ff.

pazität übersteigen oder die sie aus anderen Gründen nicht tragen wollen. Dabei bewirkt die Rückversicherung eine Reduzierung der Ruinwahrscheinlichkeit durch die Übernahme von Katastrophenrisiken. In der Konsequenz wird dann auch das erforderliche Risikokapital reduziert. Der Versicherungsbestand wird homogenisiert, da die Rückversicherung hochgradig gefährdete und hochsummige Risiken übernimmt. Ferner kann das Unternehmen seine Bilanz schützen, indem es teilweise das Zufalls-, Änderungs- und Irrtumsrisiko abgibt. Weiterhin bewirkt der Rückversicherungsschutz eine Erhöhung der Zeichnungskapazitäten durch proportionale Übernahme von Risikoanteilen und Stellung eines Teils der notwendigen Reserven. Durch die Festsetzung von risikogebundenem Eigenkapital durch die Rückversicherung erhöht sich das frei verfügbare Eigenkapital des Versicherungsunternehmens. Darüber hinaus kann die Rückversicherung das Versicherungsunternehmen durch Dienstleistungen unterstützen, etwa durch Beratung und die Übernahme von mathematischen Aufgaben.

7.1.2.3.3 Arten der Rückversicherung

Bei der Wahl des geeigneten Rückversicherungsschutzes stehen dem Unternehmen viele Varianten der Rückversicherung (RV) zur Verfügung. Abbildung 22 zeigt die wichtigsten Arten der Rückversicherung.

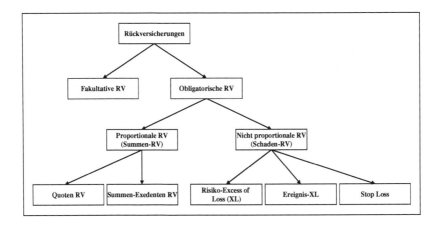

Abbildung 22: Arten und Formen der Rückversicherung[104]

---

[104] Vgl. Gleißner, W./Lienhard, H. (2004), Risikomanagement und -steuerung in der Versicherungswirtschaft: Komponenten des Risikomanagements in der Versicherungswirtschaft, S. 66.

7.1.2.4 Risikoübernahme

Risiken, die trotz aller Mitteleinsätze zur Risikoabwehr noch vorhanden sind, und Risiken, die aufgrund zu hoher Kosten nicht sinnvoll eliminiert werden können, müssen vom Unternehmen selbst getragen werden. Das bedeutet, dass das Versicherungsunternehmen mögliche Zielverfehlungen mit ihren Konsequenzen bewusst akzeptiert.

7.1.2.4.1 Deckungsformen

Für die Risikodeckung kann das Deckungskapital nach der Herkunft der Deckungsmittel, Außen- und Innendeckung, und der rechtlichen Qualität der Deckungsmittel, Eigen- und Fremddeckung, unterschieden werden. Abbildung 23 zeigt die sich daraus ergebenden vier Deckungsformen: Träger-, Selbst-, Kunden- und Kreditorendeckung.[105] Unter der Innendeckung ist zu verstehen, dass sich das Versicherungsunternehmen die Deckungsmittel aus eigenen Unternehmensaktivitäten selbst erzeugt. Dazu gehören etwa laufende Erfolgs- und Finanzeingangsströme oder die Selbststellung von Kapazitäten durch ersatzweise verfügbare Arbeitsleistung. Außendeckung meint die Beschaffung von Geld und Kapital in Form von Eigenkapital und nichtversicherungstechnischem Fremdkapital. Unter Eigendeckung sind die Deckungsmittel und deren Zuführung zu verstehen, auf denen, im Gegensatz zur Fremddeckung, keine Ansprüche von außen stehenden Dritten ruhen.

---

[105] Vgl. Wagner, F. (2000), Risk Management im Erstversicherungsunternehmen: Modelle, Strategien, Ziele, Mittel, S. 403-407.

	Innendeckung	Außendeckung
Eigendeckung	Selbstdeckung	Trägerdeckung
Fremddeckung	Kundendeckung	Kreditorendeckung

Durch die Kombination der Herkunft, Innen- und Außendeckung, mit der rechtlichen Qualität der Deckungsmittel, Eigen- und Fremddeckung, ergeben sich die vier möglichen Formen der Deckung.

Abbildung 23: Deckungsformen

Die Kombination von Außen- und Eigendeckung ergibt die *Trägerdeckung*. Ihre Bestandteile sind das Eigenkapital, soweit es nicht aus einbehaltenen Gewinnen entstanden ist, und das damit finanzierte, risikodeckungsfähige Vermögen. Die Kombination von Innen- und Eigendeckung ist die *Selbstdeckung*, die Kombination aus Innen und Fremddeckung die *Kundendeckung*. Beide bestehen aus den laufenden Erträgen und Einzahlungen, denen keine planmäßigen Aufwendungen und Auszahlungen gegenüberstehen und die in der noch nicht abgeschlossenen Periode zur Risikodeckung verwendet werden können. Dabei sind bei der Selbstdeckung die Gewinnzuschläge, bei der Kundendeckung die Risikozuschläge angesprochen. Die letzte Kombination, Außen- und Fremddeckung, ist die *Kreditorendeckung*. Sie basiert auf Krediten, die das Unternehmen zur Risikodeckung in Anspruch nehmen kann.

7.1.2.4.2 Deckungsmittel

Werden die Deckungsmittel nach ihren Arten unterteilt, bildet eine Gruppe die *Deckung aus laufenden Leistungen, Erträgen oder Einzahlungen* abzüglich der planmäßigen Kosten, Aufwendungen und Auszahlungen. Somit entstehen Deckungsmittel aus dem planmäßigen Periodenerfolg, der durch die in den Absatzpreisen enthaltenen Gewinn- und Risikozuschläge entsteht. Reichen die laufenden Erfolgs- und Finanzeingangsströme nicht aus oder erscheinen sie als ungeeignet, wird auf die *Unternehmensreserven* zurückgegriffen. Diese lassen sich in Kapitalreserven und Vermögensreserven untergliedern. Durch Kombination der verschiedenen Deckungsmittel entstehen als Weiteres Mischformen. Die Unterteilung der Deckungsmittel nach ihren Arten ist in Abbildung 24 dargestellt.

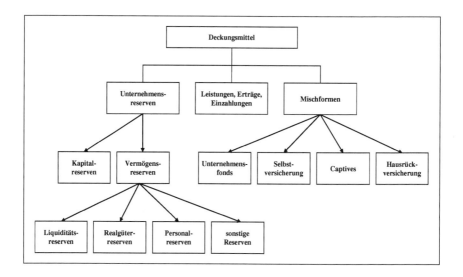

Abbildung 24: Deckungsmittel

Risikodeckungsfähige *Kapitalreserven* sind Kapitalvorräte, die im Planungszeitraum für Leistungsverpflichtungen nicht benötigt werden. *Vermögensreserven* sind Vorräte an Gütern, die risikodeckend verwendet werden können. Zu ihnen gehören Liquiditätsreserven, Realgüterreserven, Personalreserven und sonstige Reserven.

> Als *Liquiditätsreserven* werden Geld und sonstige Vermögenspositionen, die hinreichend schnell in Geld umgewandelt werden können, zusammengefasst. Sie sollen Risiken von möglichen Auszahlungen oder entgehenden Einzahlungen decken und sollen so das Risiko der Zahlungsunfähigkeit vermindern. Beispiele für Liquiditätsreserven sind Schecks, bundesbankfähige Wechsel und an der Börse gehandelte Geld- und Kapitalmarktanlagen.

> Eine weitere Form der Vermögensreserven bilden die *Personal- und Realgüterreserven*. Sie sind im Gegensatz zu den Liquiditäts-

reserven nur mehr oder weniger zweckgebunden zur Deckung einsetzbar, denn sie sollen bei Nutzungsausfällen von Betriebsmitteln, Roh-, Hilfs- und Betriebsstoffen sowie Arbeitsleistungen des Personals eingesetzt werden. So etwa umfassen Realgüterreserven Vorräte, die der Wiederherstellung bei Nutzungsausfällen von Betriebs-, Roh-, Hilfs- und Betriebsstoffen dienen. Als Beispiel für den klassischen Serverausfall sind Software- und Hardwarevorräte oder auch spezielle Back-up-Systeme zu nennen. Personalreserven sind Mitarbeiter, die ersatzweise die Stellen der ausgefallenen, sonst festen Mitarbeiter besetzen sollen.

> Neben den bisher genannten Vermögensreserven können Wertpapiere, die vorrätig für Verpflichtungen aus den Verkäufen von Kaufoptionen gehalten werden, als *sonstige Vermögensreserven* bezeichnet werden. Als weitere Form der sonstigen Vermögensreserven können potenzielle Hilfeleistungen (Geld- und Kapitalhingaben) von Dritten angesehen werden. Mögliche Hilfestellung können etwa die Trägerschaft bzw. verbundene Unternehmen, befreundete oder kooperierende Unternehmen und Geschäftspartner, wie Rückversicherungen oder Banken sein.

Neben den beiden Deckungsformen „Deckung aus Leistungen, Erträgen und Einzahlungen" und „Deckung aus Unternehmensreserven" gibt es auch *Mischformen* davon. Als Mischformen gelten Unternehmensfonds, Selbstversicherungen, Captives und Hausrückversicherungen.

> Ein *Unternehmensfonds* enthält Deckungsmittel, die für die Deckung von Zahlungs- oder Verlustrisiken verwendet werden können. Die Zuführung kann zum einen „von innen", d.h. durch unternehmenseigene Einzahlungs-, Ertrags- und Leistungsströme, oder „von außen" in Form von Unternehmensreserven zugeführt werden.

> Bei einer *Selbstversicherung* legt das Versicherungsunternehmen einen Fonds an, in den für jedes Einzelrisiko eine Art Versicherungsprämie zu entrichten ist. Diese berechnet sich nach dem versicherungstechnischen Prinzip und enthält einen Risikozuschlag, mit dem die Risikodeckung erfolgt. Die Summe aller Prämien soll, unter Berücksichtigung des Risikoausgleichs im Kollektiv und in der Zeit, die selbst versicherten Schäden finanzieren können. Voraussetzung hierfür ist, dass das Unternehmen über einen genügend großen Bestand an voneinander unabhängigen Einzelrisiken verfügt.

> Ein Spezialfall der Selbstversicherungen bilden die *Captives*. Sie sind Versicherungsgesellschaften im Eigentum von einem oder

mehreren Trägerunternehmen und besitzen eine eigene Rechtspersönlichkeit.[106] Ihre Aufgabe ist die Übernahme von Risiken des Trägerunternehmens (Drittrisiken werden nicht übernommen) gegen entsprechende Versicherungsprämien, ohne dabei auf Rückversicherungsschutz zurückzugreifen. Als Vorteil der Captives ist ihre Spezialisierung hervorzuheben. Sie können Versicherungsschutz anbieten, den das Erstversicherungsunternehmen auf dem Erstversicherungsmarkt (zu den gewünschten Konditionen) nicht erhält. Als mögliche Anwendung eignen sich Captives für die betriebliche Alters-, Invaliditäts- und Hinterbliebenenvorsorge der Mitarbeiter. Darüber hinaus können Capitves noch für die Risikodeckung von Kraftverkehrsrisiken im eigenen Fuhrpark und für Kapitalertrags- und Kapitalerhaltungsrisiken verwendet werden. Da die Anwendungsbereiche aber eher gering sind und sich die Risiken auf Dritte überwälzen lassen, lohnt es kaum eine eigene Captive einzurichten und zu unterhalten.

➢ Eine weitere Form der Selbstversicherung stellt die Hausrückversicherung dar. Sie übernimmt die Rückversicherung für das verbundene Erstversicherungsunternehmen. Dabei muss die Hausrückversicherung dem Erstversicherungsunternehmen nicht zwingend untergeordnet sein. Es kann der umgekehrte Fall gelten, dass das Erstversicherungsunternehmen dem Hausrückversicherer untergeordnet ist. Die Vorteile ergeben sich ähnlich wie bei den Captives. Die Hausrückversicherung kann Versicherungsschutz leisten, den das Erstversicherungsunternehmen nicht, oder nicht zu den gewünschten Konditionen erhält.

7.1.3 Grenzen der Risikosteuerung

Ziel der Risikosteuerung ist, die angestrebte Risikolage zu erreichen oder zu halten. Dafür hat sie die Möglichkeit, die Risiken durch Mittel der Risikovermeidung, Risikominderung und Risikoüberwälzung zu reduzieren oder die Risiken hinzunehmen und zu decken. Für die Reduzierung der Risiken, sind dem Unternehmen in der Praxis jedoch Grenzen gesetzt. Einerseits existieren nicht immer die geeigneten Mittel oder sie sind in Einzelfällen nicht erwünscht, andererseits kann die Verfügbarkeit der Mittel beschränkt sein. Etwa kann der gesuchte Rückversicherungsschutz nicht in der ge-

---

[106] Romeike, F. (2003): Traditionelle und alternative Wege der Risikosteuerung und des Risikotransfers, in: Romeike, F./Finke, R. (Hrsg.): Erfolgsfaktor Risikomanagement: Chance für Industrie und Handel, Lessons learned, Methoden, Checklisten und Implementierung, S. 247-270.

wünschten Form oder Kapazität vorhanden sein. Darüber hinaus sind dem Unternehmen auch wirtschaftliche Grenzen durch die Kosten der Mittel zur Risikosteuerung gesetzt. Den Mitteln der Risikoübernahme sind ihrer Art nach keine Grenzen gesetzt. Ihre Grenzen werden durch die Ausmaße und die Verfügbarkeit der Deckungsmittel bestimmt. Dabei kommt es darauf an, wie viel geeignete Mittel zur Verfügung stehen und wie schnell und verlässlich auf die in Aussicht gestellten Mobilisierungsreserven von Dritten zurückgegriffen werden kann. Da immer ein Restrisiko von Extremfällen bestehen bleibt, das ein unendlich großes Ausmaß an Deckungsmitteln erfordern würde, bleiben diese Restrisiken ungedeckt.

Neben den Problemen der Verfügbarkeit und Existenz von geeigneten Mitteln, stellt die Komplexität der Kombination der verschiedenen Mittel ein weiteres Problem dar. Bisher wurden die verschiedenen Mittel zur Risikosteuerung nur einzeln beschrieben. In der Praxis müssen die Mittel jedoch kombiniert eingesetzt werden. Dies erfordert ein hohes Maß an Komplexität, denn die Kombinationen der verschiedenen Mittel müssen nach ihrer Wirkung ausgewählt und bewertet werden, so dass schließlich ein optimales Ergebnis erzielt wird. Durch den hohen Komplexitätsgrad lässt sich dies in der Praxis jedoch kaum verwirklichen. Hier wird eine optimale Lösung eher mit einem geringeren Komplexitätsgrad durch eine sukzessive Vorgehensweise erreicht.

Ein weiteres Problem der Risikosteuerung sind die Kapazitäten des Unternehmens. Idealtypisch soll sich die Risikosteuerung mit allen Risiken befassen. Dies ist jedoch praktisch nicht möglich. Einerseits dürften die Kapazitäten des Versicherungsunternehmens kaum ausreichen, um die Menge an Risiken zu bewältigen, andererseits sind damit erhebliche Kosten verbunden. (Sehr bald werden die Grenzkosten die Grenzleistung übersteigen.) Daher kann sich das Unternehmen nicht mit allen Risiken befassen.

Neben den genannten Problemen der Durchführung der Risikosteuerungsmaßnahmen zeigt sich in der Leistungsbewertung der Mittel ein weiteres Problem. Die Risikowirkung der vermutlich meisten Mittel ist nach dem heutigen Kenntnisstand nicht sicher bekannt, da die Wahrscheinlichkeitsverteilung von Ergebnissen nach den Mitteleinsätzen mehr oder weniger verborgen bleiben. Als Beispiel aus dem Risikogeschäft können Risikoausschlüsse und Obergrenzen für die Entschädigung genannt werden. Die erzeugte Wirkung auf das Risikoverhalten der Versicherungsnehmer kann nicht genau bestimmt werden, so dass die Wirkung der Mitteleinsätze unbekannt bleibt. Dem Versicherungsunternehmen verbleibt somit das Risiko einer anderen als der angestrebten Risikolage, mit allen hiermit verbundenen Konsequenzen.

7.2 Risikocontrolling

Risikocontrolling bildet die letzte Stufe des Risikomanagement-Prozesses. Es soll durch interne Revision gewährleisten, dass die vorgeschriebenen Maßnahmen zur Risikofrüherkennung eingehalten werden, hat dabei aber keine Weisungsbefugnis.

7.2.1 Aufgaben des Risikocontrollings

Aufgaben des Risikocontrollings sind unter anderem:[107]

- ➤ die kontinuierliche Kontrolle der Wirksamkeit der Risikosteuerung,
- ➤ die kontinuierliche Kontrolle, ob notwendige Maßnahmen der Risikoreduzierung und Risikosteuerung ergriffen wurden,
- ➤ die Überwachung, ob Risikoveränderungen und neue Risiken kontinuierlich erfasst werden,
- ➤ die Auswertung und Berichterstattung der tatsächlichen Risikoverläufe,
- ➤ informatives und rechtzeitiges Berichtswesen (Reporting),
- ➤ die regelmäßige Überprüfung der Methoden der Risikobewertung,
- ➤ die Überwachung der Ergebnisse aus dem Risikomanagement-Prozess.

Zwischen dem Risikomanagement und dem Risikocontrolling besteht eine wechselseitige Beziehung. Das Risikomanagement hat die Möglichkeit, die Planungssicherheit und die Ursachen für mögliche Abweichungen zu benennen. Das Controlling kann Prognosen für zukünftige Entwicklungen erstellen. Durch Informationen über die Planungssicherheit erhöht das Controlling die Qualität seiner Prognosen. Umgekehrt kann das Controlling bei der Erstellung seiner Planung auch wesentliche Informationen für das Risikomanagement gewinnen. Denn unsichere Plandaten stellen zugleich identifizierte Risiken dar.[108]

---

[107] Vgl. Bitz, H. (2000), Risikomanagement nach KonTraG: Einrichtung von Frühwarnsystemen zur Effizienzsteigerung und zur Vermeidung persönlicher Haftung, S. 61.
[108] Vgl. Gleißner, W./Lienhard, H. (2004), Risikomanagement und -steuerung in der Versicherungswirtschaft: Komponenten des Risikomanagements in der Versicherungswirtschaft, S. 101-102.

7.2.2 Grundfunktionen des Risikocontrollings

Zu den Grundfunktionen des Risikocontrollings gehören die *Planung, Kontrolle, Informationsversorgung und Steuerung*.

7.2.2.1 Risikoorientierte Planung

Die Aufgabe der risikoorientierten Planung im Sinne einer strategischen Planung ist die Festlegung von Strategien für die einzelnen Geschäftsfelder und die Festlegung von Rahmenbedingungen für die personelle und organisatorische Ausgestaltung des Risikomanagement-Prozesses. Weiterhin werden die Aufgaben, Ziele und die Grundsätze des Risikomanagements festgelegt. Im Teil der operativen Planung werden die Budgets für die Ertrags-, Liquiditäts- und Bestandsgrößen verbindlich festgesetzt.

7.2.2.2 Risikoorientierte Kontrolle

Die risikoorientierte Kontrolle überwacht die Erfüllung der strategischen Pläne. Die Szenario- und die Delphianalyse erzeugen dazu die nötigen Informationen. Daneben werden bei der operativen Kontrolle die Risikolimits überwacht und Ursachenanalysen durchgeführt, um mögliche Gegensteuerungsmaßnamen zu generieren. Werden Abweichungen zwischen den geplanten und tatsächlichen Risikolimits festgestellt, müssen Abweichungsanalysen die betroffenen Größen untersuchen.

7.2.2.3 Risikoorientiertes Berichtswesen

Die Aufgabe des risikoorientierten Berichtswesens (Reporting) ist das Bereitstellen von Berichten, die der Dokumentation und Auslösung von Arbeitsgängen dienen. Dabei richten sich die Reports inhaltlich, formal und zeitlich nach den Anforderungen der Adressaten.

Die Berichte lassen sich in Standard-, Abweichungs- und Bedarfsberichte unterteilen. Die Standardberichte informieren regelmäßig in gleich bleibender Art und Weise, Abweichungsberichte informieren erst bei dem Überschreiten von Toleranzgrenzen und Bedarfsberichte orientieren sich am Informationsbedarf spezieller Sachverhalte.

Die Einzelberichte je Geschäftsbereich sind vom Risiko-Komitee zu einem Gesamtrisikobericht zusammenzuführen und an den Vorstand, die interne Revision und den Aufsichtsrat weiterzuleiten. Darüber hinaus greift auch der Wirtschaftsprüfer auf Basis von § 317 Abs. 4 HGB auf den Risiko-Gesamtbericht zurück. Nach IDW PS 340 muss der Wirtschaftsprüfer Maßnahmen im Sinne einer Inventur aufnehmen, wenn zu Prüfungsbeginn keine ausreichende *Dokumentation* vorhanden ist. Dies treibt die Kosten für den Wirtschaftsprüfer in die Höhe. Deshalb ist die Kontrolle der Dokumentation ebenfalls Aufgabe des Risikocontrollings.

Die Dokumentation ist gesetzlich durch das KonTraG vorgeschrieben, wobei eine angemessene Dokumentation aller Schritte und Maßnahmen gefordert wird. Nach den Empfehlungen der IDW-Prüfstandards 340 (Prüfungsstandard des Instituts der Wirtschaftsprüfer) sollte die Dokumentation alle organisatorischen Maßnahmen und Regelungen des Früherkennungssystems beinhalten. Weiterhin sollte eine gute Dokumentation die Organisation des Risikomanagements und den Risikomanagement-Prozess in einem Risikohandbuch definieren und somit eine dauerhafte, personenunabhängige Funktionsfähigkeit des Risikomanagements ermöglichen.[109] Das Risikohandbuch ist als eine umfassende, risikoorientierte Unternehmensrichtlinie zu verstehen und beinhaltet unter anderem:[110]

> Visionen und Zielen des Risikomanagementsystems,

> Risikopolitische Grundsätze: Einstellung zum Risiko, Risikotragfähigkeit,

> Aussagen zur Bedeutung der frühzeitigen Erkennung von Risiken für das Unternehmen,

> Grundsätze für Risikoerkennung, Risikoanalyse und Risikokommunikation, insbesondere auch über die Reaktionen auf Veränderungen im Zeitablauf,

> Begriffsdefinition (Risiko, Risikokategorien),

> Definition der Risikostruktur, Definition von Risikofaktoren, -kategorien und -feldern (Geschäftsbereiche, unternehmensübergreifende Bereiche, Projekte),

> Definition der Aufbauorganisation,

> Regelung zur Berichterstattung über erkannte und nicht bewältigte bestandsgefährdende oder wesentliche Risiken,

> Dokumentation von Risikoverantwortlichen und Maßnahmen,

> Definition der Methoden und Instrumente,

---

[109] Vgl. Romeike, F./Müller-Reichart, M. (2008), Risikomanagement in Versicherungsunternehmen: Grundlagen, Methoden, Checklisten und Implementierung, 2. Auflage, S. 73.

[110] Vgl. Bitz, H. (2000), Risikomanagement nach KonTraG: Einrichtung von Frühwarnsystemen zur Effizienzsteigerung und zur Vermeidung persönlicher Haftung, S. 47 sowie Romeike, F./Müller-Reichart, M. (2008), Risikomanagement in Versicherungsunternehmen: Grundlagen, Methoden, Checklisten und Implementierung, 2. Auflage, S. 74.

➤ Zusammenstellung der wesentlichen integrierten Kontrollen sowie der Aufgaben der internen Revision,

➤ Geltungsbereich, Inkraftsetzung,

➤ Zusammensetzung des ständigen Risikokomitees mit den jeweils hinzuziehenden kompetenten Ansprechpartnern aus den Kern-Geschäftsbreichen des Unternehmens.

Zudem kann das Risikohandbuch unterstützend für den Wirtschaftsprüfer und die Aufsichtsbehörden eingesetzt werden. Sie erhalten damit eine Dokumentation über sämtliche Schritte der Risikoidentifikation und -bewertung sowie Informationen über sämtliche ergriffene Maßnahmen durch die entsprechenden Verantwortlichen.

7.2.2.4 Risikoorientierte Steuerung

Der Prozess der risikoorientierten Steuerung soll einerseits zukünftige Störungen abwehren (Vorsteuerung) und andererseits bereits eingetretene Störungen beseitigen (Nachsteuerung). Werden Abweichungen erkannt, müssen geeignete Gegenmaßnahmen getroffen werden. Als Hilfsmittel für die risikoorientierte Steuerung eigenen sich Kennzahlen, die als Maßstab für Motivation und Zielerreichung dienen. Durch die Eingliederung von Zielen in ein Kennzahlensystem, lassen sich die Unternehmensorganisation und die Aufteilung der Entscheidungs- und Handlungskompetenzen abbilden.

7.2.3 Bewertung der Zielerfüllung

Nach dem in den vorangegangenen Kapiteln beschrieben wurde, wie Risiken zu identifizieren, zu bewerten und anschließend mit ihnen umzugehen ist, stellt sich abschließend die Frage nach der Bewertung der getroffenen Maßnahmen. Waren die gewählten Mittel hinsichtlich ihrer Zielerfüllung zweckmäßig? War die Zielsetzung mit den vorhandenen Mitteln erreichbar? Was lässt sich aus diesen Kenntnissen für die Zukunft ableiten?

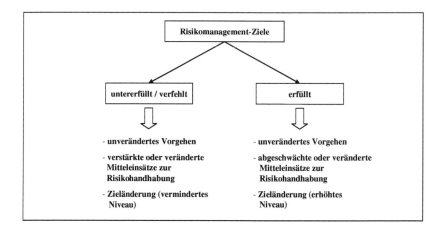

Abbildung 25: Bewertung der Zielerfüllung[111]

Abbildung 25 veranschaulicht das weitere Vorgehen, das sich aus dem Erreichen/Nichtereichen der Risikomanagement-Ziele ergibt. Werden die Sicherungsziele verfehlt oder untererfüllt, müssen die Ursachen mit Hilfe einer Abweichungsanalyse aufgedeckt werden. Sind kurzfristige Ausnahmen ursächlich, kann das Vorgehen unverändert fortgesetzt werden. Liegen die Ursachen jedoch im grundsätzlichen Vorgehen der Risikosteuerung, sind veränderte oder verstärkte Mitteleinsätze gefragt. Sind andererseits die Sicherungsziele nicht erreichbar, müssen diese gegebenenfalls angepasst werden.

Werden die Sicherungsziele erfüllt, kann das bisherige Vorgehen fortgeführt werden. Werden die angestrebten Ziele sogar übererfüllt, ist darüber nachzudenken, ob die Ziele erhöht oder die Mitteleinsätze abgeschwächt oder verändert werden sollen. Eine Abschwächung der Mitteleinsätze hat daneben den positiven Effekt der Kostenreduzierung.

Werden das Vorgehen und die eingesetzten Mittel verändert, sind diese hinsichtlich ihrer Zielerfüllung zu überprüfen.

---

[111] Vgl. Wagner, F. (2000), Risk Management im Erstversicherungsunternehmen: Modelle, Strategien, Ziele, Mittel, S. 481.

Glossar[112]

Änderungsrisiko
Bestandteil des versicherungstechnischen Risikos. Aufgrund der Dynamik der Risikoursachen verändern sich die Grundlagen der Risikokalkulation (etwa Reparaturkosten).

Aggregation
Zusammenfassung mehrerer Einzelgrößen (etwa Einzelrisiken) hinsichtlich eines gleichartigen Merkmals. Im Risikomanagement ist das Ziel der Aggregation, den auf die Risikoanalyse aufbauenden Gesamtrisiko-Umfang (das so genannte Risk Exposure) des Unternehmens sowie die relative Bedeutung der Einzelrisiken zu bestimmen. Korrelationen der Einzelrisiken sind explizit zu berücksichtigen. Ein Verfahren zur Risikoaggregation und -quantifizierung ist die Monte-Carlo-Simulation.

Asset-Liability-Management (Aktiv-Passiv -Management)
Unternehmerische Politik, die auf ein ausgewogenes Management der Bilanzpositionen der Aktivseite (Assets) und der Bilanzpositionen der Passivseite (Liabilities) abzielt. Durch eine integrierte Steuerung der Aktiva (etwa Kapitalanlagen) und Passiva (etwa Verbindlichkeiten) sollen finanzielle Unternehmensziele angestrebt werden.

Backtesting
Verfahren zur Überwachung der Güte von Value at Risk Modellen. Hierzu wird über einen längeren Zeitraum geprüft, ob die über den VaR-Ansatz geschätzten potenziellen Verluste rückwirkend nicht wesentlich häufiger überschritten wurden, als gemäß dem angewandten Konfidenzniveau zu erwarten ist.

Biometrische Grundlagen
Physiologische Bestandteile eines Menschen (Sterblichkeit, Überlebenswahrscheinlichkeit, Mortalitätsrisiko, Morbiditätsrisiko) als Grundlagen der Tarifierung von Lebens- und Krankenversicherungsprodukten.

CEIOPS
Das Committee of European Insurance and Occupational Pensions Supervisors (CEIOPS) mit Sitz in Frankfurt setzt sich aus hochrangigen Vertre-

---

[112] Auszug aus dem Glossar: Romeike, F./Müller-Reichart, M. (2008), Risikomanagement in Versicherungsunternehmen: Grundlagen, Methoden, Checklisten und Implementierung, 2. Auflage, S. 439-456.

tern der Versicherungs- und Pensionsvorsorgekassenaufsicht der EU-Mitgliedstaaten zusammen. Hauptaufgabe ist die Beratung der Europäischen Kommission im Rahmen des Solvency-II-Projektes sowie die Förderung des Informationsaustausches zwischen den nationalen Aufsichtsbehörden mit dem Ziel, eine konsequente Umsetzung der Richtlinien der Gemeinschaft zu gewährleisten und zu einer Abstimmung der aufsichtsbehördlichen Praktiken beizutragen.

Copulas
Funktionen, die die Abhängigkeitsstruktur von mehrdimensionalen Verteilungsfunktionen beschreiben.

Derivate
Finanzinstrumente, deren eigener Wert vom Wert eines anderen Finanzinstruments abhängt. Der Preis des Derivats wird vom Preis eines Basiswerts abgeleitet (Aktie, Währung, Zins, Edelmetall etc.). Diese Instrumente bieten erweiterte Möglichkeiten für Risikomanagement und -steuerung.

Downside-Risk
Gefahrenpotenzial, im Gegensatz zum Chancenpotenzial (Upside Risk).

Downside-Risikomaß
Maßzahl für Downside-Risiken. So ist etwa der Value at Risk (VaR) ein Downside-Risikomaß im Bereich des Markt- und Kreditrisikos.

Dynamic Financial Analysis
Die Dynamische Finanzanalyse (DFA = Dynamic Financial Analysis) ist eine Form des ALM (Asset-Liability-Management), die auf einem Szenariengenerator und -optimierer basiert. Der Szenariengenerator ist das Herz eines DFA-Modells und entwirft verschiedene Szenarien für die Aktiv- und Passivseite eines Versicherers und die allgemeinen wirtschaftlichen Bedingungen.

Embedded Value
Summe aus Nettovermögenswert eines Unternehmens (Net Asset Value = Substanzwert eines Unternehmens) und erwartetem Barwert aller mit vorhandenen Versicherungsverträgen einhergehenden zukünftigen Zahlungsströmen.

Fair Value
Angemessene und den Assets und Liabilities adäquate Börsenkapitalisierung eines Unternehmens. Unter Rechnungslegungsgesichtspunkten beschreibt der Fair Value das Ziel, die Summe aus Nettovermögenswert und Neugeschäftsbarwert (Embedded Value) sowie den Barwertänderungen im

Vertragsbestand umgehend und ad hoc in die Jahresergebnisrechnung zu integrieren.

Frühwarnsystem
Informationssystem zur Aufdeckung latenter Erfolgsgefährdungen, die sich in absehbarer Zeit für ein Unternehmen ergeben können. Signale zur Früherkennung von Risiken bilden sich in Kennzahlen (sog. hard facts) sowie in qualitativen Informationen (sog. soft facts) ab.

Irrtumsrisiko
Bei einer falschen Diagnose bzw. Prognose der Gesamtschadenverteilung (durch die Annahme einer nicht adäquaten Schadenverteilung) und der daraus resultierenden negativen Abweichung der tatsächlichen kollektiven Schadenausgaben von dem Erwartungswert spricht man allgemein vom Irrtumsrisiko (auch als Prognoserisiko bezeichnet).

Kapitalkostensatz
Kosten für die Bereitstellung von Eigenkapital. Das Geschäftsergebnis muss eine Eigenkapitalrendite erwirtschaften, die einer analogen Risikoanlage entspricht bzw. diese übertrifft – diese Renditeforderung stellt für das Management eine Kostenkomponente dar.

Korrelationskoeffizient
Maß der Korrelationsanalyse, mit dem die „Stärke" eines positiven oder negativen Zusammenhanges zwischen zwei quantitativen Merkmalen bzw. Zufallsvariablen gemessen werden kann. Der Korrelationskoeffizient kann zwischen +1 (totaler Gleichlauf) und -1 (total gegeneinander gerichtet) schwanken. Besteht zwischen den Risiken überhaupt kein Zusammenhang, so beträgt der Korrelationskoeffizient 0.

Kumulrisiko
Teil des versicherungstechnischen Risikos. Gemeint ist das Risiko, dass ein einziges auslösendes Ereignis (beispielsweise ein Erdbeben oder ein Wirbelsturm) zu einer Häufung von Schadenfällen führt. Das Kumulrisiko wird auch teilweise Katastrophenrisiko genannt.

Länderrisiko
Länderrisiko ist begründet in wirtschaftlichen, politischen und währungspolitischen Unsicherheiten die aus wirtschaftlichen Verbindungen mir ausländischen Partnern entstehen.

Liquiditätsrisiko
Die Möglichkeit, dass ein Unternehmen möglicherweise nicht in der Lage sein wird, innerhalb einer angemessenen Zeit und zu einem Preis, der dem

theoretischen Wert des Vermögensgegenstandes bzw. der eingegangenen Verpflichtung entspricht, einen Käufer zu finden.

Long Tail
Synonym für „fat tail". Verlustverteilungen (insbesondere bei Kreditrisiken und operationellen Risiken) sind sehr häufig durch eine linkssteile Verteilung gekennzeichnet. Der „long tail" der Verteilung beinhaltet die Extrembereiche, in denen etwa Katastrophenschäden abgebildet werden. Die Eintrittswahrscheinlichkeit ist sehr gering und konvergiert am Ende des „long tail" gegen null. Die Schadenbelastung kann hingegen ein katastrophales Ausmaß annehmen.

Moral Hazard
Moralisches Risiko eines subjektiv, durch individuelle Verhaltensweisen gesteuerten Fehlverhaltens bezüglich vertraglich vereinbarter Bestandteile. Beispiele sind die Vernachlässigung der Verwendungssorgfalt von Gütern gegen Diebstahl bei Abschluss von Versicherungsverträgen.

RAC (Risk Adjusted Capital)
Betriebsbedingter (Risiko-)Eigenkapitalbedarf basierend auf einem definierten Sicherheitsniveau.

Regulatorisches Kapital
Kapital, das die Bank bzw. die Versicherung aufgrund aufsichtsrechtlicher Vorschriften vorhalten muss.

Risikokapital
Das Risikokapital ist der Kapitalbetrag, der hypothetisch dem Betrieb des Erst- oder Rückversicherungsgeschäfts zugeordnet ist, um damit sicherzustellen, dass die Wahrscheinlichkeit einer Zahlungsunfähigkeit des risikobehafteten Teils des Geschäfts so gering wie möglich wird. Das für diesen Zweck erforderliche Kapital wird anhand mathematischer Risiko- und Finanzmodelle ermittelt.

Stresstest
Modellbasierte Methode zur Messung von Auswirkungen auf Modellvariablen, die bei extremen Parameteränderungen entstehen können, beispielsweise im Bereich der Kapitalanlagen.

Value at Risk (VaR)
Der VaR stellt die in Geldeinheiten berechnete negative Veränderung eines Wertes dar, die mit einer bestimmten Wahrscheinlichkeit (auch als Konfidenzniveau bezeichnet) innerhalb eines festgelegten Zeitraumes nicht überschritten wird. Ein Ein-Jahres Value at Risk mit Konfidenzniveau von

99,9 %t in der Höhe von 10 Millionen Euro beispielsweise, bedeutet, dass statistisch gesehen nur durchschnittlich alle 1000 Jahre mit einem Verlust von mehr als 10 Millionen Euro zu rechnen ist. Der VaR gibt nicht den maximalen Verlust eines Portfolios an. Insbesondere ist bei einem exakten VaR-Modell beispielsweise bei einem Konfidenzniveau von 99 % gerade in 1 von 100 Fällen ein größerer Verlust als der durch den VaR prognostizierte Verlust „erwünscht", da nur dann der VaR ein guter Schätzer ist; andernfalls überschätzt der VaR das Risiko, wenn in weniger als 1 von 100 Fällen der tatsächliche Verlust größer ist als der durch den VaR prognostizierte Verlust bzw. unterschätzt der VaR das Risiko, wenn in mehr als 1 von 100 Fällen der tatsächliche Verlust größer ist als der durch den VaR prognostizierte Verlust.

Versicherungstechnisches Risiko
Gefahr (als negative Risikoausprägung) eines Versicherungsunternehmens, dass der Gesamtschaden (des Gesamtrisikobestandes) die Summe der zur Verfügung stehenden Gesamtprämie (inkl. Sicherheitsmittel) übersteigt. Das versicherungstechnische Risiko kann unterteilt werden in das Zufalls-, Änderungs- und Irrtumsrisiko.

Zufallsrisiko
Bestandteil des versicherungstechnischen Risikos. Tatsächliche Schäden weichen in Schadenhöhe oder Schadeneintrittswahrscheinlichkeit durch zufällige, externe Einflüsse vom langfristigen Erwartungswert ab.

Literaturverzeichnis

Artzner, P./Delbaen, F./Eber, J./Heath, D. (2002), Coherent Measures of Risk, in: Dempster, M.A.H. (Hrsg.), Risk Management: Value at Risk and Beyond, Cambridge University Press, S. 145-175.

BaFin (2005), Rundschreiben 18/2005 (BA) Mindestanforderungen an das Risikomanagement, Bonn und Frankfurt am Main 2005.

BaFin (2007a), BaFinJournal 2007, Nr. 2, http://www.bafin.de/bafinjournal/0702.pdf

BaFin (2007b), BaFinJournal 2007, Nr. 6, http://www.bafin.de/bafinjournal/0706.pdf

Bayerische Rück (1987): Gesellschaft und Unsicherheit, Knesebeck Verlag: München.

Berkhoff, C./Bölscher, J. (2006), Neue Herausforderungen an die deutsche Versicherungsaufsicht in den Zeiten von Solvency II, in: Zeitschrift für Versicherungswesen (2006), Nr. 9, S. 284-288.

Bitz, H. (2000), Risikomanagement nach KonTraG: Einrichtung von Frühwarnsystemen zur Effizienzsteigerung und zur Vermeidung persönlicher Haftung, Schäffer-Poeschel Verlag: Stuttgart.

Bitz, M. (1993), Grundlagen des finanzwirtschaftlich orientierten Risikomanagements, in: von Gebhardt, G. et al. (Hrsg.), Handbuch des Finanzmanagements, Beck Verlag: München, S. 641-668.

Braun, H. (1979), Risikomanagement – Ein spezifische Controllingaufgabe in der Unternehmung, S. Toeche-Mittler Verlag: Darmstadt.

CEIOPS (2005a), Answers to the European Commission on the first wave of Calls for Advice in the framework of the Solvency II project, http://www.ceiops.org/media/files/publications/submissionstotheec/050630.pdf

CEIOPS (2005b), Answers to the European Commission on the second wave of Calls for Advice in the framework of the Solvency II project, http://www.ceiops.org/media/files/publications/submissionstotheec/Doc07_05-AnswersEC2ndwaveSII.pdf

CEIOPS (2007), Proposal for a Directive of the European Parliament and of the Council on the taking-up and pursuit of the business of Insurance and Reinsurance, http://eur-lex.europa.eu/LexUriServ/site/en/com/2007/com2007_0361en01.pdf

Diers, D. (2007): Interne Unternehmensmodelle in der Schaden- und Unfallversicherung – Entwicklung eines stochastischen internen Modells für die wert- und risikoorientierte Unternehmenssteuerung und für die Anwendung im Rahmen von Solvency II, Institut für Finanz- und Aktuarwissenschaften: Ulm.

Diers, D./Nießen, G. (2005), Interne Risikomodelle in der Praxis – Der Weg von der Erstellung und Implementierung bis zum regelmäßigen Einsatz (Teil II), in: Versicherungswirtschaft 22/2005, S. 1748-1751.

Eling, M./ Schmeiser, H. (2006), Versicherungsaufsicht unter Solvency II – zwei Phasen, drei Säulen und zwei Stufen, in: Kreditwesen (2006), Nr. 15, S. 22-24.

Erben, R. F./Romeike, F. (2003): Komplexität als Ursache von Risiken, in: Romeike, F./Finke, R.: Erfolgsfaktor Risikomanagement, Gabler Verlag: Wiesbaden, S. 43-61.

European Commission (2008): Geänderter Vorschlag für eine Richtlinie des Europäischen Parlaments und des Rates betreffend die Aufnahme und Ausübung der Versicherungs- und der Rückversicherungstätigkeit, Solvency II, COM (2008) 119.

Farny, D. (2006), Versicherungsbetriebslehre, 4. Auflage, Verlag Versicherungswirtschaft: Karlsruhe.

Farny, D./Helten, E./Koch, P./Schmidt, R. (1988), Handwörterbuch der Versicherung HdV, Verlag Versicherungswirtschaft: Karlsruhe.

Follmann, D. (2007), Basel II und Solvency II – Aufsichtsmodelle im Vergleich, Verlag Dr. Müller: Saarbrücken.

Füser, K./Freiling, A./Hein, B. (2005), Keine Angst vor Solvency II, in: Versicherungswirtschaft, Heft 02/2005, S. 107-111.

GDV (2005), 10 Kernpunkte der deutschen Versicherungswirtschaft zu Solvency II, http://www.gdv.de/Downloads/Themen/Kernpunkte.pdf

Gleißner, W. (2008): Grundlagen des Risikomanagements, Vahlen Verlag: München.

Gleißner, W./Lienhard, H. (2004), Risikomanagement und -steuerung in der Versicherungswirtschaft: Komponenten des Risikomanagements in der Versicherungswirtschaft, in: Schriftlicher Management-Lehrgang in 10 Lektionen, Lektion 2, Euroforum Verlag: Düsseldorf.

Gleißner, W./Müller-Reichart, M./Romeike, F. (2007): Das versicherungsbetriebswirtschaftliche Solvenzkapital richtig berechnen (I), in: Versicherungswirtschaft, Heft 21, 1. November 2007, S. 1780-1784.

Gleißner, W./Müller-Reichart, M./Romeike, F. (2007): Das versicherungsbetriebswirtschaftliche Solvenzkapital richtig berechnen (II), in: Versicherungswirtschaft, Heft 22, 15. November 2007, S. 1881-1885.

Gleissner, W./Romeike, F. (2005): Risikomanagement – Umsetzung, Werkzeuge, Risikobewertung, Haufe Verlag: Freiburg im Breisgau.

Gleißner, W./Romeike, F. (2007): Grundlagen und Grundbegriffe einer risikoorientierten Unternehmensführung, in: Schriftlicher Management-Lehrgang „Risikoorientierte Unternehmensführung", Lektion 1, Euroforum Verlag: Düsseldorf.

Gründl, H./Winter, M.. (2005), Risikomaße in der Solvenzsteuerung von Versicherungsunternehmen, in:. Gründl, H./Perlet, H. (Hrsg): Solvency II & Risikomanagement: Umbruch in der Versicherungswirtschaft, 1. Auflage, Gabler Verlag: Wiesbaden.

Heistermann, B. (2003), Solvency II – Die Grundzüge des neuen Aufsichtssystems werden sichtbar, in: Assets & Liabilities, 3/2003, S. 20-21.

IAIS (2007), Common structure paper for assessment of insurer solvency (2007), http://www.iaisweb.org/__temp/Common_structure_paper_for_assessment_of_insurer_solvency.pdf

Jöhnk, A. (2004), Risikomanagement und -steuerung in der Versicherungswirtschaft: Risikomanagement für die Kapitalanlagen, in: Schriftlicher Management-Lehrgang in 10 Lektionen, Lektion 8, Euroforum Verlag: Düsseldorf.

Karten, W. (1978), Aspekte des Risk Managements, in: Betriebswirtschaftliche Forschung und Praxis, Heft 30, S. 308-323.

Laux, H. (1995): Entscheidungstheorie, 3. Auflage, Springer Verlag: Berlin.

Nguyen, T. (2008), Handbuch der wert- und risikoorientierten Steuerung von Versicherungsunternehmen, Verlag Versicherungswirtschaft: Karlsruhe:.

Palm, S./Schüller, J. (2005), Synergien aus anderen Projekten nutzen, in: Versicherungswirtschaft, Heft 11/2005, S. 825-827.

Romeike, F. (1995): Zur Risikoverarbeitung in Banken und Versicherungsunternehmen (Teil 1), in: Zeitschrift für Versicherungswesen, 46. Jahrgang, 1. Januar 1995, Heft 1.

Romeike, F. (2004): Lexikon Risiko-Management, Wiley Verlag: Weinheim.

Romeike, F. (2008): Rechtliche Grundlagen des Risikomanagements – Haftung und Strafvermeidung für Corporate Compliance, Erich Schmidt Verlag: Berlin.

Romeike, F./Korte, T. (2009): Mindestanforderungen an das Risikomanagement in Versicherungsunternehmen, Erich Schmidt Verlag: Berlin.

Romeike, F./Finke, R. (Hrsg.): Erfolgsfaktor Risikomanagement: Chance für Industrie und Handel, Lessons learned, Methoden, Checklisten und Implementierung, Gabler Verlag: Wiesbaden.

Romeike, F./Erben, R. F./Müller-Reichart, M. (2006): Solvency II – Status Quo und Erwartungen. Erste deutsche Benchmark-Studie, RiskNET/SAS Institute: Heidelberg.

Romeike, F./Löffler, H. (2007): RiskNET Experten-Studie "Wert- und Effizienzsteigerung durch ein integriertes Risiko- und Versicherungsmanagement", RiskNET: Oberaudorf/Hamburg.

Romeike, F./Müller-Reichart, M. (2008), Risikomanagement in Versicherungsunternehmen: Grundlagen, Methoden, Checklisten und Implementierung, 2. Auflage, Wiley Verlag: Weinheim.

Romeike, F./Hager, P. (2009): Erfolgsfaktor Risikomanagement 2.0, 2. Auflage, Gabler Verlag: Wiesbaden.

Schierenbeck, H. (2006), Risk Controlling in der Praxis: Rechtliche Rahmenbedingungen und geschäftspolitische Konzeptionen in Banken, Versicherungen und Industrie, 2. Auflage, Schäfer-Poeschel (Schriftreihe Finanz Betrieb): Stuttgart.

Schubert, T., Grießmann, G. (2004), Solvency II = Basel II + X, in: Versicherungswirtschaft 18/2004, S. 1399-1402.

Tasche, D. (2002), Expected Shortfall and Beyond, in: Journal of Banking and Finance, 26(7), S. 1519-1533.

Wagner, F. (2000), Risk Management im Erstversicherungsunternehmen: Modelle, Strategien, Ziele, Mittel, Verlag Versicherungswissenschaft: Karlruhe.

Wolf, K./Runzheimer, B. (2001), Risikomanagement und KonTraG: Konzeption und Implementierung, 3. Auflage, Gabler Verlag: Wiesbaden.

Zschoyan, B. (2004), Risikomanagement und -steuerung in der Versicherungswirtschaft: Versicherungsvertragliche Risikosteuerung in der Lebensversicherung, in: Schriftlicher Management-Lehrgang in 10 Lektionen, Lektion 6, Euroforum Verlag: Düsseldorf.

Zwiesler, H.-J. (2004), Risikomanagement und -steuerung in der Versicherungswirtschaft: Asset Liability Management – Grundlegende Aspekte und praktische Anwendungen, in: Schriftlicher Management-Lehrgang in 10 Lektionen, Lektion 9, Euroforum Verlag: Düsseldorf.

Stichwortverzeichnis

A

Abschlussprüfer 5, 6
Abweichungsanalyse 136
Aktiengesellschaft 5
ALM 35
ALM-Prozess.......................... 112
arithmetisches Mittel 100
Asset Liability Mismatch.......... 110
Asset-Liability-Management.... 110
Assets..................................... 111
Aufsichtsrat 6
Aufsichtsrechtliche Überprüfung 25
Ausfalleffektanalyse 70
Ausfallrisikomaße................... 103

B

Baumanalyse 47
beratender Aktuar 36
Berichtswesen......................... 10
Besichtigungsanalyse 59
Bonitätsrisiko........................... 29
Bottom up-Verfahren................ 45
Brainwriting 47
Budgetierung........................... 20

C

Captives 129
Cashflow-Testing 113
CEIOPS 35
Checklistenanalyse 62
Compliance 37
Compliance-Beauftragter 39
computergestützte Simulation... 71
Controlling 20
Corporate Governance................5

D

Deckungskapital..................... 126
Deckungsmittel...................... 127
Delphi-Methode 47
Derivate 56
Dokumentenanalyse 60
Drei-Säulen-Konzept 23

E

Ergebnisverteilung............. 67, 68
Erwartungswert 99
EVA 19
Expected Shortfall 27, 108

F

Fehlerbaumanalyse 70
Finanzinstrumente 5
Fit and Proper-Anforderungen .. 40
Fit and Proper-Standards 40
Fit-Anforderung 40
Früherkennung 4, 5

G

GDV-Modell............................. 28
Gesamtrisiko........................... 58
Gesamtsolvabilität 23
Geschäftsorganisation............... 9
Geschäftsstrategie 13
Governance 5

H

Hausrückversicherung............ 130

I

IAIS... 21
IKS.. 35
Interne Modelle 12
interne Revision 10, 39
internes Risikomodell 31

K

Kalibrierungsstandard 12
Kapitalanlagegeschäft............. 56
Kapitalanlagerisiko 28
Kapitalkosten 18
Kapitalkostensatz 19
Kapitalreserven 128
Katastrophenrisiko................... 30
kohärentes Risikomaß............ 105
Kommunikation 9
Konfidenzniveau ... 17, 27, 72, 106, 107
KonTraG 4

147

Konzentrationsrisiko 29
Konzernlagebericht 5
Korrelationen 15
Korrelationskoeffizient 102
Korrelationsmatrix 71
Kovarianz 102
Krankenmodell 29
Kreditrisiko 29
KWGR 44

L

Lagebericht 4, 5
Lageparameter 73
Lagerparameter 99
Lebenmodell 29
Leihgeschäft 57
Liabilities 111
Limitsystem 9
Liquiditätsreserven 128
Liquiditätsrisiko 5

M

Makro-ALM 110
MaRisk 6, 14, 43
Marktänderungsrisiko 29
Marktdisziplin 26
MCR 24
Median 100
Mikro-ALM 110
Mindestkapitalanforderung .. 11, 24
Minimum Capital Requirement. 11, 24, 26
Mitarbeiterbefragung 60
Modus 100
Monotonie 104
Monte Carlo Simulation 17
Monte-Carlo-Simulation 31, 46, 71, 72, 73

N

Nominalgüter 52
Notfallpläne 13

O

Operationales Risiko 29
Organisationsanalyse 61

ORSA 33
Outsourcing 32

P

Personal- und Realgüterreserven
.... 128
personelles Risiko 30
PEST-Analyse 47
Planung 20
positive Homogenität 104
Proper-Anforderung 41
Prozessrisiken 30

Q

qualitative Risikobewertung 64
Quantil 100
quantitative Risikobewertung 66

R

RAC 18, 74
Rating 3
Realgüter 52
Risiko 3
Risikoabwehr 119
Risikoaggregation 15, 67, 71, 72
Risikoanalyse 45
Risikoaufteilung 121
Risikobericht 6, 73
Risikobewertung 45, 63
Risikobewusstsein 9
Risikocontroller 39
Risikocontrolling 132
Risikofrüherkennungssystem 6
Risikogeschäft 56
Risikohandbuch 134
Risikoidentifikation 45, 46
Risikokatalog 47
Risikokultur 9
Risikomanager 37, 38
Risikomaß 27, 73
  kohärentes 31
Risikoobjekt 51
risikoorientierte Kontrolle 133
risikoorientierte Planung 133
risikoorientiertes Berichtswesen
.... 133

Risikosteuerung 115
Risikostrategie 6, 10, 13, 32
Risikostreuung 121
Risikostruktur 13
Risikotragfähigkeit ... 15, 19, 26, 71
Risikotragfähigkeitskonzept 9
Risikoüberwälzung 122
Risikoursachen 53
Risikoverantwortlicher 39
Risikovermeidung 118
Risikoverminderung 119
Risk Adjusted Capital 74
Risk-Adjusted-Capital 18
Rückversicherung 35, 125
Rückversicherungspolitik 36
Ruinwahrscheinlichkeit 108

S

Scenario Testing 112
Schaden-/Unfallmodell 29
Schadenanalyse 61
Schadenhäufigkeitsverteilung ... 67
Schadenhöhenverteilung 67
Schadenmanagement 34
Schiefe 101
SCR 24, 33
Selbstversicherung 129
Sensitivitätsanalyse 16, 70
Sharma-Bericht 23
Sicherheitsniveau 17
Solvabilität 21
Solvabilitätskennzahl 26
Solvabilitätsspanne 21
Solvency Capital Requirement. 11, 24, 26
Solvency I 22
Solvency II 11, 21
Spannweite 101
Standardabweichung 100
Standardformel 11
Standardmodell 28
Steuerungs- und Kontrollprozesse 6
Stress-Test 70
Streuungsparameter 73, 100
Subadditivität 104

Swaps 57
SWOT-Analyse 47
Synektik 47
Szenarioanalyse 62
Szenariotechnik 70

T

Tail Value at Risk 31, 108
Tauschgeschäft 57
Termingeschäft 57
Top-down-Verfahren 45
Top-Down-Verfahren 49
Translationsinvarianz 103

U

Überwachungssystem 4
Unternehmensfond 129
Unternehmenswert 13

V

VAG 6
Validierungsstandard 12
Value at Risk 27, 30, 106
Varianz 100
Variationskoeffizient 101
verantwortlicher Aktuar 35
Vermögensreserven 128
Versicherungsaufsichtsgesetz 6
Versicherungstechnisches Risiko 29
Verwendungstest 12
Volatilität 101

W

WACC 19
Wertorientierte Unternehmensführung 19
Whistle Blowing 36
Wölbung 101

Z

Zielkapital 11
Ziel-Solvenzkapital 24
Zinsswaps 57
Zusammenhangsmaße 102

Über die Autoren

Dipl.-Math. Volker **Altenähr**, Jahrgang 1942, war von 1985 bis Ende 2007 Vorstandsvorsitzender der Süddeutschen Krankenversicherung a.g. und Süddeutschen Lebensversicherung a.g. Zuvor war er u. a. bei der Unternehmensgruppe Deutscher Ring als Chefmathematiker der drei Unternehmen und bei der Landeskrankenhilfe V.V.a.G. und Landeslebenshilfe V.V.a.G. als Vorstandsmitglied tätig. Im Rahmen seiner Vorstandstätigkeit engagierte er sich jahrelang in verschiedenen Ausschüssen beim Gesamtverband der Deutschen Versicherungswirtschaft e.V. (GDV) und beim Verband der privaten Krankenversicherung e.V., wo er u. a. für die Kalkulation des Standardtarifs der PKV verantwortlich war.

Aktiv im Vorstand ist Altenähr bis heute bei der Süddeutschen Allgemeinen Versicherung a.G., darüber hinaus wirkt er als Lehrbeauftragter an der BA Stuttgart.

Prof. Dr. Tristan **Nguyen**, Jahrgang 1969, studierte Mathematik, BWL, VWL und Rechtswissenschaft. Er ist Wirtschaftsprüfer und Aktuar DAV. Nach langjähriger Berufstätigkeit in der Wirtschaftsprüfungsbranche und der Versicherungspraxis lehrt der Autor seit Dezember 2004 Versicherungswirtschaft an der Fakultät für Mathematik und Wirtschaftswissenschaften der Universität Ulm.

Frank **Romeike**, Jahrgang 1968, ist geschäftsführender Gesellschafter der RiskNET GmbH, stv. Vorstandsvorsitzender der Risk Management Association sowie Chefredakteur der Zeitschrift RISIKO MANAGER. Mit RiskNET (www.RiskNET.de) hat er das führende deutschsprachige Internet-Portal zum Thema Risk Management aufgebaut. Er hat Lehraufträge an der FHTW Berlin, der FH Coburg sowie der FH Wiesbaden.

Veröffentlichungen an den Berufsakademien
in Baden-Württemberg
– Studiengang Versicherung –

Herausgeber: Professor Dr. H. Meder
Professor Dr. W. Nold
Professor Dr. C. Pallenberg
Professor Dr. Dr. S. Schwab, Mag. rer. publ.

Bisher erschienen:

1 **Grundzüge des Arbeitsrechts**
von Professor Dr. Dr. Siegfried Schwab *XII u. 250 Seiten, € 30,–*

2 **Schwerpunkte des Privatrechts**
von Professor Dr. Karl J. Svoboda,
Professor Dr. Dr. Siegfried Schwab *XVI u. 277 Seiten, € 35,–*

3 **Einführung in die Haftpflichtversicherung**
von Bruno Heimbücher *XX u. 325 Seiten, € 36,–*

4 **Personenversicherungen kompakt**
von Volker Altenähr *IX u. 109 Seiten, € 18,50*

Bestellungen sind zu richten an

Verlag Versicherungswirtschaft GmbH
Postfach 64 69   76044 Karlsruhe
Klosestraße 20–24   76137 Karlsruhe
Telefax Vertrieb   0721 3509-201
E-Mail   vertrieb@vvw.de
www.vvw.de